LA AUTENTICIDAD DE LA BIBLIA

Registrar Este Libro

Beneficios de registrar el libro*

- ✓ GRATIS **Reposición** de libros perdidos o dañados.
- ✓ GRATIS **Libro en Audio** - *Pilgrim's Progress*, edición en audio.**
- ✓ GRATIS Información de libros nuevos y otros **obsequios**.**

www.anekopress.com/new-book-registration

*Ver en nuestra página web las condiciones y limitaciones.

**Estos recursos se encuentran solo en inglés

LA AUTENTICIDAD DE LA BIBLIA

GARANTÍA DE QUE LA BIBLIA ES LA PALABRA DE DIOS

POR REUBEN A. TORREY

La autenticidad de la Biblia
© 2025 por Aneko Press
Todos los derechos reservados. Primera edición: 1906.
Edición actualizada: 2025
Ninguna parte de este libro puede reproducirse, almacenarse en un sistema de recuperación ni transmitirse en ninguna forma ni por ningún medio (electrónico, mecánico, fotocopia, grabación u otro) sin la autorización escrita del editor.

Salvo que se indique lo contrario, las citas bíblicas proceden de La Biblia de las América (LBLA). Los derechos de la Versión Autorizada en el Reino Unido pertenecen a la Corona. Reproducido con la autorización del titular de la patente de la Corona, Cambridge University Press.

Diseño de portada: J. Lewis
Traductor: R. González
Editor: A. Nieto

Aneko Press
www.anekopress.com
Aneko Press, Life Sentence Publishing y nuestros logotipos son marcas registradas de
Life Sentence Publishing, Inc.
203 E. Birch Street
PO Box 652
Abbotsford, WI 54405

RELIGIÓN / Teología cristiana / Apologética
ISBN de la edición impresa: 979-8-88936-557-0
ISBN del libro electrónico: 979-8-88936-558-7
10   9   8   7   6   5   4   3   2   1
Disponible en tiendas de libros

Contenido

1. Por qué creo que la Biblia es la Palabra de Dios.............. 1

2. Dos razones más por las que creo que la Biblia es la Palabra de Dios...................... 17

3. Cuatro razones más por las que creo que la Biblia es la Palabra de Dios...................... 29

4. Tres razones más por las que creo que la Biblia es la Palabra de Dios...................... 41

5. ¿Realmente resucitó Jesucristo?...................... 53

6. La veracidad evidente de los relatos evangélicos sobre la resurrección 65

7. La evidencia circunstancial de la resurrección de Cristo...................... 79

8. Lo que prueba la resurrección de Jesús 93

9. Las causas de la incredulidad...................... 105

10. Las consecuencias y la cura de la incredulidad......... 119

Reuben A. Torrey: Una breve biografía...................... 133

Capítulo 1

Por qué creo que la Biblia es la Palabra de Dios

¿Es la Biblia la Palabra de Dios? Esa es la pregunta más importante del pensamiento religioso. Si la Biblia es la Palabra de Dios, si es una revelación absolutamente confiable de Dios mismo sobre Sí mismo, Sus propósitos y Su voluntad, sobre el deber y el destino del hombre, y sobre las realidades espirituales y eternas, entonces tenemos un punto de partida para avanzar hacia la conquista de todo el dominio de la verdad religiosa.

Sin embargo, si la Biblia no es la Palabra de Dios, si es el mero producto del pensamiento, la especulación y las conjeturas del hombre, si no es totalmente confiable en cuanto a la verdad religiosa y eterna, entonces estamos todos perdidos, sin saber adónde vamos, pero podemos estar seguros de que no nos dirigimos hacia ningún puerto seguro.

No siempre creí que la Biblia fuera la Palabra de Dios. Dudaba sinceramente de que la Biblia fuera la Palabra de Dios. Dudaba de que Jesucristo fuera el Hijo de Dios. Dudaba de la existencia de un Dios personal. No era infiel, pero sí escéptico. No lo negaba, pero lo cuestionaba. No era ateo, pero sí agnóstico. No lo sabía, pero estaba decidido a descubrirlo.

Si existía un Dios, estaba decidido a descubrirlo y actuar en consecuencia. Si no existía, estaba decidido a descubrirlo y actuar en consecuencia. Si Jesucristo era el Hijo de Dios, estaba decidido a descubrirlo y actuar en consecuencia. Si Jesucristo no era el Hijo de Dios, estaba decidido a descubrirlo y actuar en consecuencia. Si la Biblia era la Palabra de Dios, estaba decidido a descubrirlo y actuar en consecuencia. Si la Biblia no era la Palabra de Dios, estaba decidido a descubrirlo y actuar en consecuencia.

Bueno, lo descubrí. Descubrí sin lugar a dudas que existe un Dios, que Jesucristo es el Hijo de Dios y que la Biblia es la Palabra de Dios. Hoy en día, para mí, no es solo una cuestión de mera probabilidad, ni siquiera de mera creencia, sino una cuestión de absoluta certeza.

Ahora les daré algunas de las razones por las que creo que la Biblia es la Palabra de Dios. No les daré todas las razones, pues tomaría meses hacerlo. Ni siquiera les daré las razones que más me convencen, pues se basan en mi experiencia y, a menudo, son tan personales que no se pueden explicar adecuadamente a otra persona. Sin embargo, les daré razones que resultarán concluyentes para cualquiera que busque la verdad honesta e imparcialmente, que desee conocerla y esté dispuesto a obedecerla. Estas razones no convencerán a nadie que esté decidido a no conocer la verdad o que no esté dispuesto a obedecerla. Si alguien no recibe el amor de la verdad, debe ser abandonado a su propia elección deliberada de error, entregado a un poder engañoso para creer una mentira (2 Tesalonicenses 2:11). Sin embargo, si alguien busca la verdad, por muy inseguro o confundido que esté, puede ser guiado a la verdad.

Razón 1: El testimonio de Jesucristo

Creo que la Biblia es la Palabra de Dios debido al testimonio de Jesucristo al respecto. Vivimos en una época en la que muchas personas dicen aceptar las enseñanzas de Jesucristo, pero no aceptan las enseñanzas de toda la Biblia. Dicen creer lo que Jesucristo dice, pero no están seguros de si creen lo que Moisés dijo, o lo que se dice que dijo, o lo que Isaías dijo, o lo que se dice que dijo, o lo que Jeremías dijo, o lo que Pablo dijo, o lo que Juan dijo, o que no están seguros del resto de los escritores bíblicos.

Esta postura puede parecer racional a primera vista, pero en realidad es completamente irracional. Si aceptamos las enseñanzas de Jesucristo, debemos aceptar toda la Biblia, porque Jesucristo ha marcado con Su autoridad todo el Libro. Si aceptamos Su autoridad, debemos aceptar todo aquello sobre lo que Él marca con Su autoridad.

Antiguo Testamento
En cuanto a la aprobación del Antiguo Testamento por parte de Cristo, veamos primero Marcos 7:13.

Jesús acababa de citar la ley de Moisés. No solo citó los diez mandamientos, sino también otras porciones de la ley. Contrapuso la enseñanza de la ley de Moisés a las tradiciones de los fariseos y escribas. En este versículo, dijo: *Invalidando así la palabra de Dios por vuestra tradición*. Llamó claramente a la ley de Moisés *la palabra de Dios*.

A veces se dice que la Biblia en ningún lugar afirma ser la Palabra de Dios; sin embargo, aquí Jesucristo mismo afirmó claramente que la ley de Moisés es la Palabra de Dios. Si, entonces, aceptamos la autoridad de Jesucristo, debemos aceptar la ley de Moisés como la Palabra de Dios. Por supuesto, esto solo abarca los primeros cinco libros del Antiguo Testamento, pero si aceptamos esto como la Palabra de Dios, tendremos pocas dificultades con el resto del Antiguo Testamento, pues es aquí donde se libra la batalla más acalorada hoy en día.

Ahora, vayamos a Mateo 5:18. Aquí Jesús dice: *Hasta que pasen el cielo y la tierra, no se perderá ni la letra más pequeña ni una tilde de la ley hasta que todo se cumpla*. En otras versiones, *la letra más pequeña* se ha traducido como *ni una jota*. Todo erudito hebreo sabe que una jota es la letra hebrea "yodh", la más pequeña del alfabeto hebreo, de menos de la mitad del tamaño de cualquier otra letra. La tilde es un cuerno pequeño que los hebreos ponían sobre las consonantes. Jesús afirma aquí que la ley de Moisés, tal como se dio originalmente, es absolutamente infalible hasta la letra más pequeña y parte de una letra. Si, pues, aceptamos la autoridad de Jesucristo, debemos aceptar la autoridad de la ley de Moisés tal como se dio originalmente y tal como se encuentra en las Escrituras del Antiguo Testamento.

Veamos ahora Juan 10:35. Jesús acababa de citar uno de los Salmos para demostrar un punto que estaba planteando, y luego añadió: *La Escritura no se puede violar*, poniendo así el sello de Su autoridad sobre la absoluta fiabilidad y carácter irrefutable de las Escrituras del Antiguo Testamento.

Pasen ahora a Lucas 24:27 y leerán que Jesús, *comenzando con Moisés y continuando con todos los profetas, les explicó lo referente a Él en todas las Escrituras*. En el versículo 44 de ese mismo capítulo, Él dice: *era necesario que se cumpliera todo lo que sobre mí está escrito en la ley de Moisés, en los profetas y en los salmos*. Todo erudito sabe que los judíos dividían su Biblia (nuestras actuales Escrituras del Antiguo Testamento) en tres partes: la Ley (los primeros cinco libros del Antiguo Testamento), los Profetas (la mayoría de los libros que llamamos proféticos y algunos de los que llamamos históricos) y los Salmos o Sagradas Escrituras, que son los libros restantes del Antiguo Testamento. Jesucristo retoma cada una de estas tres divisiones reconocidas de las Escrituras del Antiguo Testamento y les imprime Su autoridad. Si, pues, aceptamos la autoridad de Jesucristo, nos vemos obligados lógicamente a aceptar todas las Escrituras del Antiguo Testamento.

En Lucas 16:31 Jesús dice: *Si no escuchan a Moisés y a los profetas, tampoco se persuadirán si alguno se levanta de entre los muertos*. Así, de la manera más enfática, ratificó la veracidad de las Escrituras del Antiguo Testamento.

En Juan 5:47, dice: *Si no creéis en sus escritos [de Moisés], ¿cómo creeréis mis palabras?* Aquí imprime Su autoridad a la enseñanza de Moisés, afirmando que provenía de Dios tan fielmente como la Suya. Si, pues, aceptamos la autoridad de Jesucristo, debemos aceptar todo el Antiguo Testamento.

Nuevo Testamento

¿Y qué hay del Nuevo Testamento? ¿Acaso Jesús también le dio Su sello de autoridad? Sí, lo hizo. ¿Cómo pudo haberlo hecho, si no se había escrito ningún libro del Nuevo Testamento cuando partió de esta tierra? Lo hizo por anticipación. Lean Juan 14:26 y oirán a Jesús decir: *El Consolador, el Espíritu Santo, a quien el Padre enviará en mi nombre, Él os enseñará todas las cosas, y os recordará todo lo que os he dicho.* Por lo tanto, Él no solo dio Su sello de autoridad a la enseñanza apostólica impartida por el Espíritu Santo, sino también al recuerdo apostólico de lo que Él mismo había enseñado.

A menudo se pregunta: "¿Cómo sabemos que tenemos un relato preciso de la enseñanza de Jesucristo en los Evangelios?". Se pregunta: "¿Tomaron notas los apóstoles en el momento de lo que Jesús dijo?". Hay razones para creer que sí, que Mateo y Pedro, de quienes Marcos obtuvo su material, y Santiago (de quien, hay razones para creer, Lucas obtuvo gran parte de su material) tomaron notas de lo que Jesús dijo en arameo, y que Juan tomó notas de lo que Jesús dijo en griego, y que tenemos en los cuatro Evangelios el relato de lo que escribieron en ese momento.

Pero que esto sea cierto o no, no importa para

nuestros propósitos actuales, pues tenemos la propia autoridad de Cristo al respecto: en los registros apostólicos no solo tenemos el recuerdo de los apóstoles de lo que Jesús dijo, sino que tenemos el recuerdo del Espíritu Santo de lo que Jesús dijo. Aunque los apóstoles pudieran olvidar e informar incorrectamente, el Espíritu Santo no podía olvidar.

Vayan a Juan 16:12-13 y oirán a Jesús decir: *Aún tengo muchas cosas que deciros, pero ahora no las podéis soportar. Pero cuando Él, el Espíritu de verdad, venga, os guiará a toda la verdad.* Aquí Jesús imprime Su autoridad a la enseñanza de los apóstoles, como impartida por el Espíritu Santo, como conteniendo toda la verdad y como conteniendo más verdad que Su propia enseñanza. Les dice a los apóstoles que tiene muchas cosas que decirles, pero que aún no están listos para recibirlas. Sin embargo, Jesús les dice que cuando venga el Espíritu Santo, los guiará hacia esta verdad más plena y amplia.

Si, entonces, aceptamos la autoridad de Jesucristo, debemos aceptar la enseñanza apostólica, los escritos del Nuevo Testamento, como dados por el Espíritu Santo, como que contienen toda la verdad y como que contienen más verdad que la que Jesús enseñó mientras estuvo en la tierra. Hay muchos en nuestros días que claman: "¡Regresen a Cristo!", con lo que generalmente quieren decir: "No nos importa lo que enseñó Pablo, ni lo que enseñó Juan, ni lo que enseñó Santiago, ni lo que enseñó Judas. No sabemos nada de ellos. Regresemos a Cristo, la fuente original de autoridad, y aceptemos lo que Él enseñó, y solo eso".

Muy bien. "Regresen a Cristo". El clamor no es malo, pero cuando regresas a Cristo, escuchas a Cristo mismo decir: "A los apóstoles. Ellos tienen más verdad que enseñar que la que Yo he enseñado. El Espíritu Santo les ha enseñado toda la verdad. Escúchenlos". Si, entonces, aceptamos la autoridad de Jesucristo, nos vemos impulsados a aceptar la autoridad de todo el Nuevo Testamento.

Por lo tanto, si aceptamos la enseñanza de Jesucristo, debemos aceptar todo el Antiguo Testamento y todo el Nuevo Testamento. O es Cristo y toda la Biblia, o no hay Biblia ni Cristo.

Hoy en día, algunos dicen creer en Cristo, pero no en el Cristo del Nuevo Testamento. Pero no hay otro Cristo que el Cristo del Nuevo Testamento. Cualquier otro Cristo que no sea el Cristo del Nuevo Testamento es un puro producto de la imaginación. Cualquier otro Cristo que no sea el Cristo del Nuevo Testamento es un ídolo creado por las propias ideas del hombre, y quien lo adora es un idólatra.

Cinco Testimonios Divinos

Debemos aceptar la autoridad de Jesucristo. Él nos es reconocido por cinco inconfundibles testimonios divinos.

Primero, nos es reconocido por el testimonio de la vida divina que vivió, pues vivió como ningún otro hombre. Si cualquiera toma los cuatro Evangelios y los lee con atención y sinceridad, pronto se convencerá de dos cosas.

Primero, verá que está leyendo la historia de una vida vivida. Nadie podría haber inventado el personaje descrito en los Evangelios a menos que esa vida se hubiera vivido realmente. Mucho menos podrían haber inventado cuatro hombres a tal personaje, cada uno de los cuatro haciendo su propia descripción de ese personaje, que no solo es coherente consigo mismo, sino también con los otros tres. Suponer que estos cuatro hombres que escribieron los Evangelios idearon la vida de Jesús sería suponer un milagro mayor que cualquiera de los registrados en los Evangelios.

Verá, en segundo lugar, que la vida que se presenta en los Evangelios es distinta a todas las demás vidas humanas. Se sostiene por sí misma y es claramente una vida divina vivida en condiciones humanas. Napoleón Bonaparte era un buen juez de los hombres. En una ocasión, refiriéndose a la vida de Jesús, tal como se registra en los Evangelios que había estado leyendo, dijo: "Conozco hombres [y si él no los conocía, ¿quién los conocía?] y Jesucristo no era un hombre". Lo que quería decir, por supuesto, era que Jesucristo no era un simple hombre.

En segundo lugar, Jesucristo nos es reconocido por las palabras divinas que pronunció. Si alguien estudia las enseñanzas de Jesucristo con honestidad y fidelidad, pronto verá que tienen un carácter que las distingue de todas las demás enseñanzas jamás pronunciadas en la tierra.

En tercer lugar, Jesucristo nos es reconocido por las obras divinas que realizó, no solo sanando a los enfermos, como muchos otros han hecho, sino también limpiando al leproso, abriendo los ojos a los ciegos, resucitando a los muertos, calmando la tormenta con una palabra, convirtiendo el agua en vino y alimentando a cinco mil hombres con cinco panes y dos pececillos, lo cual fue un acto creativo. Estos milagros de poder son credenciales claras de un maestro enviado por Dios. No podemos estudiarlos honestamente sin llegar a la misma conclusión que Nicodemo: *Sabemos que has venido de Dios como maestro, porque nadie puede hacer las señales que tú haces si Dios no está con él* (Juan 3:2).

Por supuesto, tenemos presente que se han hecho denodados esfuerzos para eliminar el elemento sobrenatural de la historia de la vida de Jesucristo, pero todos estos esfuerzos han fracasado y todos los esfuerzos similares fracasarán. El esfuerzo más hábil de este tipo jamás realizado fue el de David Strauss en su *Leben Jesu (Vida de Jesús)*.

David Strauss fue un hombre de notables habilidades y dones, un hombre de auténtica y profunda erudición, un hombre de notable genio, un hombre con un notable poder de análisis crítico y un hombre de firme perseverancia e incansable actividad. Concentró todos los excepcionales dones de su rica mente en la historia de la vida de Jesús, con la determinación de desacreditar el elemento milagroso que contenía. Dedicó sus mejores años y fuerzas a este esfuerzo.

Si alguien hubiera podido tener éxito en tal esfuerzo, ese era David Strauss, pero fracasó estrepitosamente. Por un tiempo, a muchos les pareció que había tenido éxito en su propósito, pero cuando su vida de Jesús fue sometida a un análisis crítico y riguroso, se vino abajo y hoy está completamente desacreditada.

Quienes desean eliminar el elemento milagroso en la historia de Jesús sienten que deben intentarlo de nuevo, ya que el intento de David Strauss fracasó. Donde David Strauss fracasó, Ernest Renan lo intentó de nuevo. No poseía, en absoluto, la capacidad ni el genio de Strauss, pero era un hombre de genio brillante, de sutil imaginación, de excepcional talento literario y de extraordinarias habilidades.

La vida de Cristo de Renan fue leída con interés y admiración por muchos. La obra fue realizada con fascinante destreza. Algunos imaginaron que Ernest Renan había tenido éxito en su intento, pero, como era de esperar, fue desacreditado incluso en menos tiempo que la obra de David Strauss. Todos los demás intentos han corrido la misma suerte. Es un intento de lo imposible.

Que cualquier persona honesta tome la vida de Jesús y la lea por sí misma con atención y cuidado, y pronto descubrirá que la vida allí descrita no pudo haber sido imaginada, sino que debió haber sido realmente vivida, que las enseñanzas reportadas como pronunciadas por Jesús no son enseñanzas ficticias puestas en boca de una persona ficticia, sino son las expresiones reales de una persona real.

También descubrirá que el carácter y la enseñanza expuestos en los Evangelios están inseparablemente entrelazados con las historias de los milagros. Descubrirá que si se eliminan los milagros, el carácter y la enseñanza desaparecen, pues no pueden separarse del elemento milagroso sin una brutalidad que ninguna persona razonable permitiría.

Al menos esto está probado hoy: Jesús vivió y obró principalmente como se registra en los cuatro Evangelios. Personalmente, creo que hay más que esto probado, pero esto es suficiente para nuestro propósito actual. Si Jesús vivió y obró básicamente como registran los Evangelios, sanando a los leprosos, abriendo los ojos a los ciegos, resucitando a los muertos, calmando la tormenta con Su palabra y alimentando a los cinco mil con cinco panes y dos pececillos, entonces posee credenciales inequívocas como un maestro enviado y avalado por Dios.

En cuarto lugar, Jesucristo también se nos acredita por Su influencia divina en toda la historia posterior. Sin duda, Jesucristo fue una de estas tres cosas: (1) fue el Hijo de Dios en un sentido único, una Persona divina encarnada en forma humana, (2) fue el impostor más audaz que jamás haya existido, o (3) fue uno de los lunáticos más desesperados que jamás haya existido.

No cabe duda alguna de que afirmó ser el Hijo de Dios en un sentido único, que dijo que todos debían honrarlo como honraban al Padre (Juan 5:23), que dijo que Él y el Padre eran uno (Juan 10:30) y que enseñó que quienes lo habían visto a Él, habían visto al Padre (Juan 14:9). Por lo tanto, o bien fue la Persona divina que afirmó ser, o bien fue el impostor más audaz que jamás haya existido, o bien fue un lunático desesperado.

¿Fue Su influencia en la historia posterior la influencia de un lunático? Nadie, salvo un lunático, diría eso.

¿Acaso Su influencia en la historia posterior fue la de un impostor? Solo alguien con el corazón completamente corrompido por el engaño y el fraude pensaría en decirlo. Al no ser un impostor ni un lunático, entonces, solo nos queda una alternativa: Él era quien decía ser… el Hijo de Dios.

En quinto lugar, Jesucristo nos es acreditado por Su resurrección de entre los muertos. Más adelante les presentaré la evidencia de la resurrección de Jesucristo. Veremos que la evidencia histórica de la resurrección de Cristo es absolutamente convincente. La resurrección de Jesucristo de entre los muertos es uno de los hechos mejor probados de la historia, pero la resurrección de Cristo es el sello de Dios a Su afirmación.

Jesucristo afirmó ser el Hijo de Dios. Fue condenado a muerte por hacer esa afirmación. Antes de ser condenado a muerte, dijo que Dios pondría Su sello a esa afirmación al resucitarlo de entre los muertos. Lo mataron. Lo pusieron en el sepulcro. Rodaron una piedra a la puerta del sepulcro. Sellaron esa puerta con el sello romano, lo cual significaba la muerte para cualquiera que rompiera ese sello.

Cuando llegó la hora señalada de la que Cristo había hablado, el aliento de Dios atravesó el barro dormido y Jesús resucitó triunfante sobre la muerte. Dios habló con mayor claridad que si hoy hablara desde los cielos abiertos y dijera: *Este es mi Hijo, mi Escogido; a Él oíd* (Lucas 9:35).

Si somos honestos, entonces, debemos aceptar la autoridad de Jesucristo. Como ya vimos, si aceptamos la autoridad de Jesucristo, debemos aceptar todo el Antiguo Testamento y todo el Nuevo Testamento como la Palabra de Dios. Por lo tanto, creo que la Biblia es la Palabra de Dios debido al testimonio de Jesucristo al respecto.

Ha surgido una corriente de crítica que intenta ganar credibilidad oponiéndose a la autoridad de Jesucristo. Dicen, por ejemplo: "Jesús dijo que el salmo undécimo era de David y era mesiánico, pero nosotros decimos que el salmo undécimo no es de David ni mesiánico". Nos piden que renunciemos a la autoridad e infalibilidad de Jesucristo y la Biblia, queriendo que aceptemos su autoridad e infalibilidad en su lugar.

Muy bien, pero antes de hacerlo, exigimos sus credenciales. No cedemos ante la pretensión de autoridad e infalibilidad de nadie hasta que presente sus credenciales. Jesucristo presenta Sus credenciales.

En primer lugar, Jesús presenta la prueba de la vida divina que vivió. ¿Qué tienen ellos en comparación con eso? Mucho se habla de la belleza de la vida de algunos que pertenecen a esta escuela de críticos. No queremos negar la afirmación, pero con gusto comparamos la vida de Jesús con la belleza de sus vidas. ¿Quién sufre con la comparación? Si el argumento de "si la vida de un hombre es recta, su doctrina no puede ser errónea" tiene alguna fuerza (y la tiene), es inconmensurablemente más válido para la autoridad de Jesucristo que para la de cualquier crítico o escuela de críticos.

En segundo lugar, Jesús presenta la prueba de las palabras divinas que pronunció. ¿Qué tienen ellos que contradigan eso? Las palabras de Jesucristo han resistido la prueba de veinte siglos y brillan hoy con mayor esplendor y gloria que nunca. ¿Qué escuela de crítica ha resistido la prueba de veinte años? Si uno tiene que elegir entre la enseñanza de Cristo y la de cualquier escuela de crítica, a ninguna persona completamente cuerda le llevará mucho tiempo elegir.

En tercer lugar, Jesucristo presenta Su credencial de las obras divinas que realizó, el sello inconfundible de Dios sobre Sus afirmaciones. ¿Qué puede oponer esta escuela de crítica a eso? Absolutamente nada. No tiene milagros, salvo milagros de ingenio literario en el intento de hacer que lo absurdo parezca histórico.

En cuarto lugar, Jesucristo presenta la credencial de Su influencia en la historia humana. Todos sabemos cuán beneficiosa y divina ha sido la influencia de Jesucristo. Todo lo mejor de la civilización moderna, todo lo mejor de la vida nacional, doméstica e individual, se debe a la influencia de Jesucristo.

También conocemos la influencia de esta escuela de crítica. Sabemos que está debilitando el poder de los ministros y obreros cristianos en todas partes. Sabemos que está vaciando iglesias. Sabemos que está agotando los fondos misioneros. Sabemos que está paralizando el esfuerzo misionero en todos los campos donde ha llegado. Lo sé por observación personal y no por simples rumores. Puede que esta no sea su intención, y en el caso de algunos de ellos, no lo es, pero aun así, es un hecho. La influencia de Jesús ha sido sumamente beneficiosa, mientras que la influencia de esta escuela de crítica es completamente inútil.

En quinto lugar, Jesús presenta la credencial de Su

resurrección. ¿Qué puede oponer esta escuela de crítica? ¡Nada en absoluto! Jesucristo establece Su afirmación. La escuela de crítica opositora guarda silencio.

Por lo tanto, nos negamos a someternos a la autoridad e infalibilidad asumidas e infundadas de cualquier escuela de crítica, de cualquier sacerdote, papa o profesor de teología, sino que con mucho gusto nos sometemos a la autoridad e infalibilidad de Jesucristo, tan plenamente probadas. Con Su autoridad, aceptamos todo el Antiguo y el Nuevo Testamento como la Palabra de Dios.

Capítulo 2

Dos razones más por las que creo que la Biblia es la Palabra de Dios

En el primer capítulo, vimos que si aceptamos la autoridad de Jesucristo, debemos aceptar todo el Antiguo Testamento y todo el Nuevo Testamento, porque Él impuso Su autoridad en ambos. O Cristo y toda la Biblia, o no hay Biblia ni Cristo.

Mi segunda razón para creer que la Biblia es la Palabra de Dios es por sus profecías cumplidas. El incrédulo promedio no sabe absolutamente nada sobre profecías cumplidas, y esto no es sorprendente, ya que el cristiano promedio no sabe nada sobre profecías cumplidas. Incluso el predicador promedio no sabe prácticamente nada sobre profecías cumplidas. El tema de la profecía es extenso y profundizar en él requeriría muchos capítulos, pero puede presentarse en un resumen en pocos momentos con la suficiente amplitud como para mostrar el peso abrumador del argumento.

Hay dos tipos de profecía en la Biblia: las explícitas y verbales, y las profecías de tipos y símbolos.

Primero analizaremos las profecías explícitas y verbales. Estas son de tres tipos:

1. Profecías sobre la venida del Mesías;

2. Profecías sobre el pueblo judío;

3. Profecías sobre las naciones gentiles.

Nos limitaremos ahora a las profecías sobre la venida del Mesías. Solo analizaremos cinco de ellas a modo de ilustración: Isaías 53 (todo el capítulo), Miqueas 5:2, Daniel 9:25-27, Jeremías 23:5-6 y Salmo 16:8-11.

En los pasajes mencionados, encontramos predicciones sobre la venida del Rey de Israel. Se nos dice el momento exacto de Su manifestación a Su pueblo, el lugar exacto de Su nacimiento, la familia de la que nacería y la condición de la familia al momento de Su nacimiento (una condición completamente diferente a la existente cuando se escribió la profecía y contraria a todas las probabilidades del caso). Se nos dice cómo fue recibido por Su pueblo (una recepción completamente diferente a la que cabría esperar), el hecho, el método y los detalles de Su muerte (con las circunstancias específicas de Su entierro), Su resurrección posterior a Su sepultura y Su victoria posterior a Su resurrección. Jesús de Nazaret cumplió estas predicciones con la más exacta precisión.

Los racionalistas han intentado decir que Isaías

53 no se refiere al Mesías venidero. Es natural que lo intenten, pues si se refiere al Mesías venidero, el caso de los racionalistas es desesperado.

Sin embargo, es evidente que sí se refiere al Mesías venidero, dado que los propios judíos consideraron este capítulo mesiánico hasta su cumplimiento en Jesús de Nazaret. Su renuencia a aceptarlo como el Mesías los impulsó a intentar demostrar que no era mesiánico. Además, la desesperada situación a la que se ven abocados quienes niegan su aplicación mesiánica muestra la desesperanza de su caso. Cuando se les pregunta quién es el Sufriente de Isaías 53 si no es el Mesías, la mejor respuesta que pueden dar es que se refiere al Israel sufriente. Sin embargo, quien lea atentamente el pasaje verá que esta interpretación es imposible.

El que sufre en Isaías 53 es representado como alguien que sufre por los pecados de otros en lugar de por los suyos, y aquellos por quienes Él sufre son representados como "Mi pueblo", Israel (versículo 8). Si el que sufre lo hace por los pecados de otros en lugar de por los suyos, y los demás por quienes Él sufre son Israel, entonces, sin duda, el que sufre no puede ser Israel.

Se pueden rastrear las profecías citadas hasta la fecha más reciente que el crítico más destructivo jamás haya pensado en asignarlas, y aun así son cientos de años anteriores al nacimiento de Jesús de Nazaret. ¿Cómo vamos a explicar el hecho de que este Libro tenga el poder de mirar cientos de años hacia el futuro y predecir con los detalles más precisos lo que sucederá, y que estas predicciones se cumplan al pie de la letra? Estos son hechos que exigen ser explicados.

Algunos de ustedes son empresarios. Los teólogos pueden tejer sus teorías desde su propia conciencia interior sin tener en cuenta los hechos, pero los empresarios deben afrontar los hechos, y aquí están los hechos. Solo hay una explicación racional para esto. Cualquier libro que tenga el poder de ver cientos de años en el futuro y predecir con precisión exacta la persona, el lugar, el tiempo y las circunstancias, y detalles sobre lo que ocurrirá en ese período remoto, debe tener como autor a la única persona en el universo que conoce el fin desde el principio: Dios.

Por supuesto, es muy posible que un hombre con visión de futuro mire algunos años hacia el futuro y, mediante el estudio de causas ahora observables, prediga de manera general algunos acontecimientos que ocurrirán. Sin embargo, esto no sucede en absoluto con la Biblia. No se trata solo de unos pocos años en el futuro, sino de cientos de años en el futuro. Las profecías no son generales, sino que contienen detalles precisos y específicos. No se trata de cosas que tuvieran causas observables y discernibles en el momento de la profecía, sino que las causas no eran discernibles en ese momento; sin embargo, estas predicciones se cumplieron al pie de la letra. Para una mente dispuesta a someterse a los hechos y a su significado necesario, es una prueba concluyente del origen divino del Libro.

Un hecho notable con respecto a las profecías de la Biblia es que a menudo existen dos líneas proféticas aparentemente contradictorias, y parece que si una se cumpliera, la otra no. Sin embargo, estas dos líneas proféticas aparentemente contradictorias convergen y se cumplen en una sola Persona. Por ejemplo, en el Antiguo Testamento tenemos dos líneas proféticas sobre el Mesías. Una predice a un Mesías sufriente, *despreciado y desechado de los hombres, varón de dolores y experimentado en aflicción*, cuya misión terrenal terminará en muerte y vergüenza. La otra predice con igual claridad y precisión a un Mesías vencedor que gobernará a las naciones con vara de hierro.

¿Cómo pueden ser ciertas ambas líneas proféticas? Antes del cumplimiento de ambas líneas en Jesucristo, la mejor respuesta que tenía el antiguo judío era que habría dos Mesías: uno, un Mesías sufriente de la tribu de José, y otro, un Mesías conquistador de la tribu de Judá. Sin embargo, en el cumplimiento real, ambas líneas proféticas se unen en una sola Persona: Jesús de Nazaret. En Su primera venida, Él fue el Mesías sufriente, expiando el pecado con Su muerte en la cruz, como se predijo con frecuencia en el Antiguo Testamento. En Su segunda venida, Él vendrá como un rey conquistador para gobernar a las naciones.

Las profecías de los tipos y símbolos son aún más concluyentes que las profecías verbales específicas. Si le preguntan al estudiante común y superficial de la Biblia cuánto del Antiguo Testamento es profético, responderá algo como esto: "Isaías, Jeremías, Ezequiel, Daniel y los Profetas Menores son proféticos". Podría añadir que también hay pasajes proféticos aquí y allá en los Salmos y el Pentateuco.

Sin embargo, si le preguntan a un estudiante serio de la Biblia cuánto del Antiguo Testamento es profético, les dirá que todo el libro es profético, que su historia es profética, que su gente es profética y que sus instituciones, ceremonias, ofrendas y fiestas son proféticas. Si son escépticos (y tienen derecho a serlo hasta que hayan investigado, pero no tienen derecho a seguir dudando a menos que investiguen), pero se toman su tiempo, este estudiante serio se sentará y los guiará a través de todo el Libro, desde el primer capítulo de Génesis hasta el último capítulo de Malaquías, y les mostrará presagios inequívocos de lo que vendrá en todas partes.

Les mostrará presagios incuestionables de la verdad sobre Cristo en las vidas de Abraham, Isaac, José, David y Salomón. Les mostrará lo mismo en cada sacrificio y ofrenda, en cada fiesta, en cada institución, en el tabernáculo y en cada parte del tabernáculo, en su atrio exterior, en el Lugar Santo y el Lugar Santísimo, en el altar de bronce, en el candelero de oro, en la mesa de los panes de la proposición, en el altar de oro del incienso, en el velo que colgaba entre el Lugar Santo y el Lugar Santísimo, en el arca del pacto, en sus tablas, barras, basas y espigas, y en las mismas cubiertas del tabernáculo. En todo esto les mostrará que toda la verdad acerca de Cristo está claramente expuesta: Su persona, Su naturaleza, Su carácter, Su muerte expiatoria, Su resurrección, Su ascensión y Su segunda venida. Les mostrará que Jesucristo está presente en todos los hechos de la historia judía y cristiana.

Les mostrará que cada verdad profunda que debía ser plenamente revelada en el Nuevo Testamento fue prefigurada en los tipos y símbolos del Antiguo Testamento. Al principio, esto podría parecerles una simple coincidencia, pero a medida que avancen versículo tras versículo, capítulo tras capítulo y libro tras libro, si son personas imparciales, estarán abrumadoramente convencidos de que este fue el pensamiento y la intención del verdadero Autor.

Al ver las verdades más profundas de la doctrina cristiana expuestas en esta historia antigua y en esta legislación establecida para satisfacer las necesidades inmediatas del pueblo, y al ver la perfecta prefiguración de todos los hechos de la historia de Cristo, el pueblo judío y la iglesia, se sentirán impulsados a reconocer en ella la mente y la sabiduría de Dios. Las teorías críticas modernas sobre la construcción de Éxodo, Levítico, Números y Deuteronomio se desmoronan al considerarlas a la luz del significado de los tipos del Antiguo Testamento. Nunca he conocido a un crítico destructivo que supiera algo sobre los tipos. No se puede estudiarlos a fondo sin estar profundamente convencido de que el verdadero Autor del Antiguo Testamento, el que está detrás de los autores humanos, es Dios.

Mi tercera razón para creer que la Biblia es la Palabra de Dios es la unidad del Libro. Este es un argumento antiguo, pero válido. La Biblia se compone, como supongo que saben, de sesenta y seis partes o libros. A menudo se dice que la Biblia no es un libro, sino una biblioteca. Esto es en parte cierto y en parte falso. Es cierto que la Biblia es una biblioteca, pero al mismo tiempo es el libro más profundamente unificado de todos los libros existentes.

Los sesenta y seis libros que componen la Biblia fueron escritos por al menos cuarenta autores diferentes.

Fueron escritos en tres idiomas diferentes: hebreo, arameo y griego. Los libros se compusieron a lo largo de un período de al menos mil quinientos años. Fueron escritos en países a cientos de kilómetros de distancia. Fueron escritos por hombres de todos los ámbitos de la vida política y social, desde el rey en el trono hasta el pastor, el pescador y el político de poca monta.

Los libros de la Biblia exhiben todo tipo de estructura literaria. En la Biblia encontramos todo tipo de poesía: épica, lírica, didáctica, romántica, elegía y rapsodia. También encontramos todo tipo de prosa: prosa histórica, didáctica, tratado teológico, epístola, proverbio, parábola, alegoría y oración.

En un libro tan complejo, compuesto de partes tan divergentes, compuesto en épocas tan remotas y bajo circunstancias tan diversas, cabría esperar discrepancia, discordia y una absoluta falta de unidad. Pero, en realidad, ¿qué encontramos? Una unidad maravillosa. Cada parte de la Biblia encaja con todas las demás. Un pensamiento en constante crecimiento impregna el conjunto. El carácter de esta unidad es sumamente significativo. No es una unidad superficial, sino profunda y completa.

Superficialmente, a menudo encontramos discrepancias y desacuerdos aparentes, pero al estudiar, estos desaparecen y surge la profunda unidad subyacente. Cuanto más estudiamos, más completa encontramos la unidad.

Esta unidad también es orgánica; es decir, no es la unidad de algo inerte, como una piedra, sino de algo vivo, como una planta. En los primeros libros de la

Biblia, encontramos el pensamiento en desarrollo. A medida que avanzamos, encontramos la planta. Más adelante, encontramos el brote, luego la flor y finalmente el fruto maduro. En Apocalipsis, encontramos el fruto maduro del Génesis.

¿Cómo podemos explicarlo? Este es otro hecho que exige explicación, y como empresarios, deben lidiar con hechos, no con teorías. Deben lidiar con realidades, y no con especulaciones sutiles de teólogos enclaustrados que se pasan el tiempo soñando al margen de las realidades sustanciales de la vida. Hay una manera fácil y sencilla de explicarlo, y solo una manera racional de explicarlo, y es que detrás de los cuarenta o más autores humanos estaba la mente única de Dios, que todo lo gobierna, todo lo controla, todo lo supervisa y todo lo moldea.

Supongamos que se propusiera construir en Washington, D.C., un templo que representara los productos de piedra de todos los estados de la Unión. Algunas piedras provenían de las canteras de mármol de Marlboro, New Hampshire; otras, de las canteras de granito de Quincy, Massachusetts; algunas, de las canteras de piedra rojiza de Middletown, Connecticut; algunas, de las canteras de mármol blanco de Rutland, Vermont; algunas, de las canteras de arenisca gris de Berea, Ohio; algunas, de las canteras de pórfido bajo Knoxville, Tennessee; algunas, de las canteras de piedra roja cerca de Hancock, Michigan; algunas, de las canteras de piedra rojiza de Kasota, Minnesota; algunas, de las canteras de yeso del lejano oeste; piedras de todos los estados de la Unión.

Las piedras debían ser de todos los tamaños y formas imaginables. Algunas serían grandes, otras pequeñas y otras medianas. Algunas debían ser cúbicas, otras esféricas, algunas cilíndricas, algunas cónicas, algunas trapezoidales y algunas rectangulares. Cada piedra debía ser tallada en su forma final en la cantera de donde fue extraída. Ninguna piedra debía ser tocada con mazo ni cincel una vez que llegara a su destino.

Finalmente, las piedras estaban en Washington y los constructores se pusieron manos a la obra. A medida que construían, descubrieron que cada piedra encajaba con las demás, cada una en su lugar. Se comprobó que no había ni una piedra de más ni una de menos, hasta que finalmente la obra de los constructores terminó y se alzaba ante ustedes un templo con sus muros laterales, sus contrafuertes, sus naves, sus arcos, sus vestíbulos, su techo, sus pináculos y su cúpula, perfectos en cada contorno y en cada detalle. No sobra ni una piedra ni falta. No sobra ni una piedra, ni hay nicho ni rincón donde falte una piedra, y sin embargo, cada piedra fue tallada en su forma final en la cantera de donde fue extraída. ¿Cómo lo explicarían?

Hay una manera muy sencilla de explicarlo, y solo una manera de explicarlo, y es que detrás de cada cantero había un maestro arquitecto que planeó todo el edificio desde el principio y dio a cada cantero individual sus especificaciones para la obra.

Esto es precisamente lo que encontramos en ese templo de la verdad eterna que llamamos la Biblia. Las piedras para este Libro fueron extraídas en lugares distantes entre sí por cientos de kilómetros, y en períodos de mil quinientos años. Había piedras de todos los tamaños y formas imaginables, y sin embargo, cada piedra encaja en su lugar y encaja con todas las demás, hasta que, cuando el Libro está terminado, se alza ante ustedes este templo incomparable de la verdad de Dios, perfecto en cada contorno y en cada detalle. No hay una piedra de más ni una de menos, y sin embargo, cada piedra fue tallada en su forma final en la cantera de donde fue extraída. ¿Cómo explicarlo? Solo hay una forma racional de explicarlo, y es que detrás de las manos humanas que trabajaron estaba la mente maestra de Dios, quien ideó y dio a cada obrero Sus especificaciones para la obra. No se puede obviar eso y ser honesto y justo.

Capítulo 3

Cuatro razones más por las que creo que la Biblia es la Palabra de Dios

Hasta ahora les he dado tres razones por las que creo que la Biblia es la Palabra de Dios. Primero, por el testimonio de Jesucristo al respecto. Segundo, por sus profecías cumplidas. Tercero, por la unidad del Libro.

Mi cuarta razón para creer que la Biblia es la Palabra de Dios es la inconmensurable superioridad de sus enseñanzas sobre las de cualquier otro libro. Cuando estudiaba en las aulas de teología, era muy común comparar las enseñanzas de la Biblia con las de videntes y filósofos culturales, como las de Sócrates, Platón, Marco Aurelio Antonio, Epicteto, Isócrates, Séneca, Buda, Zoroastro, Confucio, Mencio y Mahoma. Esto está volviendo a ponerse de moda. Cualquiera que instituya tal comparación y ponga la Biblia en el mismo nivel que estos otros maestros debe ser ignorante de las enseñanzas de la Biblia, ignorante de las enseñanzas de estos videntes y filósofos étnicos, o lo que es más frecuente, ignorante de ambas. Hay tres puntos de diferencia radical entre las enseñanzas de la Biblia y las de cualquier otro libro.

Primero, estos otros maestros contienen verdad, pero es una verdad mezclada con error. La Biblia no contiene nada más que verdad. Hay joyas de pensamiento en estos otros escritores, pero como dijo Joseph Cook hace años, son "joyas sacadas del barro". Por ejemplo, a menudo nos preguntan: "¿No enseñó Sócrates de forma bellísima cómo debe morir un filósofo?". Sí, lo hizo, pero olvidan decirnos que también enseñó a una mujer del pueblo cómo llevar sus asuntos, algo que no era tan agradable.

También nos preguntan: "¿No enseñó Marco Aurelio Antonio de forma excelente sobre la clemencia?". Sí, lo hizo. Vale la pena leerlo, pero olvidan decirnos que también enseñó que era correcto ejecutar a las personas por el solo hecho de ser cristianos, y siendo él mismo emperador de Roma y con poder para hacerlo, practicaba lo que predicaba. "¿No habló Séneca —preguntan— maravillosamente de las ventajas de la pobreza?". Sí, pero olvidan decirnos que el propio Séneca era en aquel entonces uno de los peores derrochadores de Roma; tan solo las mesas de ónice de su mansión costaban una fortuna fabulosa. Además, fue el tutor bajo cuya influencia se crio Nerón, el emperador más infame que Roma haya tenido jamás.

"¿No explicó Confucio —preguntan— admirablemente el deber de los hijos para con los padres?". Sí, pero olvidan decirnos que Confucio también enseñó que era correcto mentir en ocasiones, y él mismo, sin rubor alguno, nos confiesa que él mismo mintió en ocasiones. Quizás en nada sus más devotos seguidores hayan seguido tan de cerca los pasos de su gran maestro como en este asunto de la mentira. Han reducido la mentira a un arte refinado y dirán cualquier cosa para "salvar las apariencias".

La segunda diferencia radica en que estos otros escritos contienen parte de la verdad, mientras que la Biblia la contiene toda. No existe una sola verdad conocida sobre temas morales o espirituales que no se encuentre en las páginas de la Biblia. Este es un hecho sumamente notable. La Biblia es un libro antiguo, y sin embargo, el hombre, en todo su pensamiento antes y después de su escritura, no ha descubierto una sola verdad sobre temas morales o espirituales que no se encuentre en esencia en las páginas de la Biblia.

En otras palabras, si se destruyeran todos los demás libros y solo quedara la Biblia, no sufriríamos ninguna pérdida esencial en temas morales y espirituales. Sin embargo, si se destruyera la Biblia y se conservaran todos los demás libros, la pérdida sería irreparable. Si la Biblia fuera solo otro libro escrito por hombres, ¿por qué sería así? A menudo he desafiado a cualquiera de mis oyentes a que presente una sola verdad sobre temas morales o espirituales que no pudiera encontrar en la Biblia. Es muy posible que alguien lo logre, pues no pretendo saber todo lo que hay en la Biblia. Solo la he estudiado durante poco más de un cuarto de siglo. Sin embargo, nadie ha podido superar el reto todavía.

El tercer punto de diferencia radical es que la Biblia contiene más verdad que todos los demás libros juntos. Pueden consultar toda la literatura, antigua y moderna, incluyendo la de la antigua Grecia, la antigua Roma, la antigua India, la antigua Persia, la antigua China y toda la literatura moderna, extraer todo lo bueno, descartar todo lo malo o inútil, reunir el resultado de su trabajo en un solo libro, y aun así no tendrán un libro que la reemplace. Si la Biblia es solo otro libro escrito por hombres, ¿por qué, en todos los miles de años de pensamiento humano y en todos los millones de libros que han producido, no han podido, en todos esos libros juntos, producir tanta sabiduría real e invaluable como la que contiene este único Libro? La respuesta es sencilla: los demás libros son libros de hombres, mientras que la Biblia es, por sí sola, el Libro de Dios.

Mi quinta razón para creer que la Biblia es la Palabra de Dios se debe a la historia del Libro y su omnipotencia contra todos los ataques humanos. Lo que el hombre ha creado, el hombre puede destruirlo. Sin embargo, veinte siglos de los ataques más enérgicos y decididos no han podido destruir ni socavar la fe inteligente en la Biblia.

Apenas había sido dada al mundo la Biblia cuando

la gente descubrió tres cosas sobre ella. Primero, aprendieron que condenaba el pecado. Segundo, vieron que exigía la renuncia al yo. Tercero, observaron que reducía el orgullo humano al polvo. La gente no estaba dispuesta a renunciar al pecado, ni a renunciar al yo, ni a que su orgullo fuera relegado al polvo. Por lo tanto, odiaron el Libro que exigía estas cosas.

El odio de la gente hacia la Biblia ha sido intenso y activo. Decidieron destruir el Libro que odiaban. Hombre tras hombre han surgido con la determinación de destruir este Libro. Celso lo intentó con la brillantez de su genio, y fracasó. Entonces Porfirio lo intentó con la profundidad de su filosofía, y fracasó. Lucien lo intentó con la agudeza de su sátira, y fracasó.

Entonces Diocleciano entró en escena y probó otras armas. Usó contra la Biblia todo el poder militar y político del imperio más poderoso que el mundo haya conocido en la cúspide de su gloria. Emitió edictos que exigían la quema de todas las Biblias, pero fracasó. Se emitieron edictos más severos, que exigían la pena de muerte a quienes poseyeran Biblias, y también fracasaron.

Durante veinte siglos, el ataque contra la Biblia ha continuado. Todos los métodos de destrucción que la sabiduría, la ciencia, la filosofía, la inteligencia, la sátira, la fuerza y la brutalidad humanas pudieron emplear contra un libro se han utilizado contra este Libro, y la Biblia sigue en pie. En ocasiones, casi todos los grandes gobernantes de la tierra se han opuesto a ella, con solo un oscuro remanente a su favor, pero aun así, la Biblia se ha mantenido firme.

Hoy en día, se ha ganado la confianza y el afecto

de los hombres y mujeres más sabios y destacados que nunca antes en la historia del mundo. Si la Biblia hubiera sido un simple libro humano, habría caído en el olvido hace siglos, pero como en este Libro se esconde no solo la sabiduría de Dios, sino también su poder, ha cumplido maravillosamente las palabras de Jesús: *El cielo y la tierra pasarán, mas mis palabras no pasarán* (Mateo 24:35).

En medio del rugido ensordecedor de la artillería enemiga y el denso humo de la batalla, a algunos les ha parecido en ocasiones que la Biblia iba a caer, pero cuando el humo se ha disipado del campo de batalla, esta invencible ciudadela de la verdad eterna de Dios ha alzado su imponente cabeza hacia el cielo, ilesa, sin que se haya desprendido una sola piedra de sus cimientos. Cada nuevo ataque contra la Biblia simplemente ha servido para ilustrar de nuevo la absoluta omnipotencia de este Libro dado por Dios.

En cierto modo, me regocijo con cada nuevo ataque que se lanza contra la Biblia. Tiemblo por ciertos hombres y mujeres de mente débil que están dispuestos a creer cualquier cosa que se les asegure que es el consenso de la erudición más reciente, pero por la Biblia misma no temo. Un Libro que ha resistido con éxito veinte siglos de asalto de la artillería más pesada del diablo no caerá ante las armas de aire comprimido de la crítica moderna.

Mi sexta razón para creer que la Biblia es la Palabra de Dios se debe a la influencia del Libro y su poder para elevar a las personas hacia Dios. Toda persona honesta debe ver y admitir que este Libro tiene un poder para iluminar, alegrar, embellecer y dignificar las vidas humanas, para elevar a las personas hacia Dios, que ningún otro libro posee. Un arroyo no puede subir más alto que su fuente, y un Libro con el poder de elevar a las personas hacia Dios que ningún otro posee debe haber descendido de Dios de una manera que ningún otro libro ha logrado.

En literalmente millones de casos, este Libro ha demostrado su poder para llegar a hombres y mujeres en lo más profundo de la iniquidad y la degradación, y elevarlos, elevarlos, elevarlos, hasta que fueron dignos de un lugar junto a Cristo en el trono. Recuerdo a un hombre con una mente brillante, pero que estaba consternado, corrompido y demonizado por el alcohol, y este hombre era agnóstico. Lo insté a aceptar la Biblia y al Cristo de la Biblia, pero con una risa hueca dijo: "No creo en tu Biblia ni en tu Cristo. Soy agnóstico". Al final, sin embargo, hundido en lo más profundo de la ruina, abandonó su agnosticismo y aceptó este Libro y al Cristo de este Libro, y por el poder de este Libro se transformó en uno de los hombres más auténticos, nobles y humildes que conozco. ¿Qué otro libro podría lograr esto?

Este Libro tiene el poder no solo de elevar a las personas, sino también a las naciones, hacia Dios. Debemos todo lo mejor de nuestra civilización moderna, en nuestra vida política, comercial y doméstica, a la influencia de este Libro. Quien ataca el Libro ataca el fundamento mismo de todo lo mejor de la civilización moderna. Quien ataca la Biblia es el peor enemigo que un individuo o una sociedad tiene.

La séptima razón por la que creo que la Biblia es la Palabra de Dios se debe al carácter de quienes la aceptan como tal y al carácter de quienes la rechazan. Dos cosas hablan a favor del origen divino de este Libro: el carácter de quienes están seguros de que es la Palabra de Dios y el carácter de quienes la niegan.

A menudo, cuando alguien me dice: "Creo firmemente que la Biblia es la Palabra de Dios", y al observar la pureza, la belleza, la humildad y la devoción a Dios y a los hombres que hay en su carácter, y lo cerca que vive de Dios, me dan ganas de decirle: "Me alegra que creas que la Biblia es la Palabra de Dios. El hecho de que alguien que vive tan cerca de Dios y lo conoce tan bien como tú crea que la Biblia es su Libro confirma mi propia fe en que lo es".

Por otro lado, a menudo, cuando un hombre o una mujer, con un gesto de confianza en sí mismo, dice: "No creo que la Biblia sea la Palabra de Dios", y al observar su pecaminosidad, egoísmo, mezquindad o bajeza, y lo lejos que vive de Dios, me dan ganas de decirle: "Me alegra que no lo creas. El hecho de que una persona que vive en el mismo plano que tú, tan lejos de Dios y conociéndolo tan poco, dude de que la Biblia sea la Palabra de Dios, confirma mi propia fe en que lo es".

No me malinterpreten. No quiero decir con esto que todo aquel que profesa creer en la Biblia sea mejor que todo aquel que la rechaza; lo que quiero decir es esto: muéstrenme una persona que viva una vida de absoluta entrega a Dios, que viva bajo el control del Espíritu de Dios, que viva una vida de devoción al máximo bienestar de sus semejantes, una vida de humildad y de oración, y les mostraré siempre a una persona que cree que la Biblia es la Palabra de Dios.

Por otro lado, muéstrenme a alguien que niegue o cuestione persistentemente que la Biblia sea la Palabra de Dios, y les mostraré a alguien que lleva una vida bien sea de codicia, lujuria, terquedad u orgullo espiritual (ojo, digo "bien sea de" uno de estos, no "todos"). Desafío a cualquiera a que me haga una excepción. He buscado una por todo el mundo y nunca la he encontrado. Se ha intentado hacer una excepción varias veces, pero es simplemente ridículo pensar que las personas que me sugirieron lleven vidas de humildad y oración, o pensar que no lleven vidas de "voluntad propia". Cualquiera que no se haya rendido completamente a Dios lleva una vida de voluntad propia.

En otras palabras, todos los que viven más cerca de Dios y Lo conocen mejor están seguros de que la Biblia es la Palabra de Dios. Quienes más dudan al respecto son los que viven más lejos de Dios y Lo conocen menos. ¿A quiénes creerán?

Supongamos que se descubriera un manuscrito en la ciudad de Boston que supuestamente era de Oliver Wendell Holmes, pero que hubiera una gran discusión entre los críticos sobre si Oliver Wendell Holmes era o no el verdadero autor. Finalmente, se sometió a un comité de críticos para su decisión y se descubrió que todos los críticos que mejor conocieron a Oliver Wendell Holmes, que vivieron en la más íntima colaboración con él y que más simpatizaban con su pensamiento, coincidieron unánimemente en que el manuscrito era suyo. Sin embargo, quienes lo cuestionaron fueron quienes menos conocieron a Oliver Wendell Holmes, quienes menos colaboraron con él y quienes menos simpatizaron con su pensamiento. ¿A qué grupo le creerías?

Esa es una pregunta muy sencilla en la crítica literaria, mucho más sencilla que la que nuestros críticos modernos se empeñan en resolver con tanta confianza, como quiénes podrían ser los siete autores diferentes de un solo versículo de un libro escrito hace miles de años, como se intenta en ese monumental libro de chistes del siglo XIX, la Biblia Policromada. Este es precisamente el caso de la Biblia. Todos los que viven más cerca de Dios y Lo conocen mejor, todos los que están en la más íntima comunión con Él, coinciden plenamente en afirmar que la Biblia es Su obra. Quienes más dudas tienen al respecto son los que viven más lejos de Él y menos conocen a Dios.

Hay otro hecho significativo: cuanto más se acercan las personas a Dios, más confían en que la Biblia es Su Palabra. Cuanto más se alejan de Dios, más dudas invaden sus corazones. Sucede constantemente que alguien pecador e incrédulo abandona su pecado sin más argumentos y también es liberado de su incredulidad. ¿Puede alguien mencionar un solo ejemplo de lo contrario, donde alguien, siendo pecador y creyente, al abandonar su pecado perdió la fe?

Además, a menudo ocurre que alguien que vivía una vida de consagración y cercanía a Dios, y que disfrutaba de una fe serena e imperturbable en que la Biblia era la Palabra de Dios, comienza a prosperar en las cosas de este mundo y el amor al dinero se apodera de su corazón. Entonces, se aleja de la separación total de su vida hacia Dios y, al alejarse de Él, cae en la duda y en una visión descuidada de la Biblia. Vemos esto hoy a nuestro alrededor. Las personas que descuidan su moral también descuidan su doctrina. La moral y la teología amplias van de la mano. Son hermanas gemelas.

Esto es tan cierto que, a menudo, cuando la gente me dice que empieza a dudar, les pregunto: "¿Qué has estado haciendo?". Una vez, mientras caminaba por una ciudad universitaria, vi un poco más adelante en la calle a un joven conocido. Lo alcancé y le dije: "Charlie, ¿cómo te va?". Con una mirada de satisfacción, dijo: "Bueno, a decir verdad, Sr. Torrey, me estoy volviendo un poco escéptico".

Le pregunté: "Charlie, ¿qué has estado haciendo?". El pobre hombre se sonrojó y bajó la cabeza. Charlie había estado pecando, y el pecado había traído la duda. Esta es la historia del comienzo de la duda en los corazones de miles de personas hoy.

¿Dónde está la fortaleza de la Biblia? La fortaleza de la Biblia es el hogar puro, feliz y desinteresado. ¿Dónde está la fortaleza de la incredulidad? La fortaleza de la incredulidad es la taberna, el hipódromo, la sala de juego y el burdel. Supongamos que llego como forastero a su ciudad. Supongamos que entro en una de sus tabernas con una Biblia bajo el brazo, la pongo sobre la barra y pido un vaso de whisky, añadiendo: "Que sea grande". ¿Qué pasaría? Se llevarían una gran sorpresa.

El camarero probablemente diría:

—Disculpe, pero ¿qué es ese libro? ¿No es la Biblia?
—Sí.
—¿Y qué pidió, whisky?

—Sí, y que sea grande.

El camarero no sabría qué pensar. Sin embargo, supongamos que entro en la taberna y pongo sobre la barra un ejemplar de cualquier obra de un ateo como Ingersoll o Bradlaugh, o un ejemplar de *The Clarion,* del *Agnostic Journal,* del *Freethinker* o del libro o periódico ateo más respetable que exista, y pido un vaso de whisky. Lo aceptaría sin preguntar ni mirarme con sorpresa. Sería justo lo que esperaban. La Biblia y el whisky no son compatibles. La incredulidad y el whisky van de la mano.

Conté esta historia cuando estaba en Belfast, y al final del discurso, un médico se me acercó riendo. Me dijo: "Justo ayer tuvimos un ejemplo de lo que usted dijo. Después de su lectura bíblica vespertina, mi madre entró en una tienda a comprar brandy para una amiga enferma. Tenía la Biblia en la mano y, sin pensar en su aspecto, intentaba guardarla en la bolsa que llevaba. El dependiente que la atendía le dijo: 'Tiene razón, señora; escóndala. No se llevan bien'".

Capítulo 4

Tres razones más por las que creo que la Biblia es la Palabra de Dios

En los tres capítulos anteriores, les he dado siete razones por las que creo que la Biblia es la Palabra de Dios. En este capítulo, les daré tres razones más.

Mi octava razón para creer que la Biblia es la Palabra de Dios se debe a la inagotable profundidad del Libro. Lo que el hombre ha producido, el hombre puede agotarlo. Sin embargo, veinte siglos de estudio por parte de decenas de miles de las mentes más brillantes no han podido agotar la Biblia. Muchos hombres de intelecto más fuerte, de maravillosa capacidad de penetración y de la más amplia cultura han dedicado toda su vida al estudio de la Biblia, y nadie que la haya estudiado realmente ha soñado jamás con decir que ha llegado al fondo del Libro. De hecho, cuanto más profundamente se penetra en el Libro, más claramente se ve que aún hay insondables profundidades de sabiduría bajo uno mismo en esta inagotable mina de verdad.

Esto no solo aplica a individuos, sino también a generaciones de hombres. Miles de hombres, en cooperación mutua, han profundizado en esta mina, pero lejos de agotarla, aún hay nuevos tesoros de verdad esperando a cada nuevo estudiante de la Palabra. Constantemente brota nueva luz de la Palabra de Dios. ¿Cómo podemos explicar este hecho incuestionable?

La mente humana ha progresado durante estos veinte siglos. Hemos superado todos los demás libros del pasado, pero lejos de superar la Biblia, no la hemos alcanzado. La Biblia no solo está actualizada, sino que siempre está a la vanguardia. La mejor interpretación de los acontecimientos más recientes de nuestros días se encuentra en este antiguo Libro. Si este Libro fuera un libro humano, lo habríamos profundizado hace siglos, pero el hecho de que haya demostrado ser insondable durante veinte siglos es prueba fehaciente de que en él se esconden los infinitos tesoros de la sabiduría y el conocimiento de Dios.

Un brillante escritor unitario estadounidense pronunció una de las frases más agudas jamás dichas o escritas desde el punto de vista de la negación de la inspiración de la Biblia. Dijo: "¡Qué irreligioso acusar a un Dios infinito de haber puesto toda Su sabiduría en un Libro tan pequeño!". Concedo que esta afirmación es hiriente, pero este escritor no comprendió cómo el filo de su espada de Damasco podía volverse contra sí mismo. ¡Qué testimonio del origen divino de este

Libro, que tanta sabiduría infinita pueda confinarse en un espacio tan pequeño!

La Biblia no es realmente un libro muy grande (tengo una copia en el bolsillo de mi chaleco), pero ese pequeño Libro contiene tales tesoros de sabiduría que veinte siglos de estudio por parte de las mentes más brillantes del mundo no han podido agotarlo. ¿Cómo podemos explicar esto? Nadie, excepto Dios, podría confinarse en un espacio tan pequeño con tantos tesoros de verdad.

Mi novena razón para creer que la Biblia es la Palabra de Dios es que, a medida que crezco en conocimiento y carácter, en sabiduría y santidad, me acerco más a la Biblia. Cuanto más me acerco a Dios, más me acerco a la Biblia. Cuando comencé a estudiar la Biblia de verdad, tuve la misma experiencia que todo estudiante diligente ha tenido al comienzo de sus estudios. Encontré cosas en la Biblia que eran difíciles de entender y otras que me parecían difíciles de creer. Descubrí que las enseñanzas de una parte del Libro parecían contradecir rotundamente las de otras partes. Me pareció claro que si una enseñanza de la Biblia era verdadera, otras no podían serlo. Como tantos otros, acepté todo lo de la Biblia que me pareció lo suficientemente sabio como para estar de acuerdo conmigo.

A medida que continuaba estudiando la Biblia y crecía en semejanza con Dios, descubrí que mis dificultades desaparecían. Al principio, se fueron una a una, luego de dos en dos, y luego por docenas, desapareciendo cada vez más. Constantemente descubrí que cuanto más me acercaba a Dios, más me acercaba a la Biblia. ¿Cuál es la inevitable conclusión matemática? Dos líneas que siempre convergen al acercarse a un punto determinado deben encontrarse al llegar a ese punto. Cuanto más me acercaba a Dios, más me acercaba a la Biblia. Cuando Dios y yo nos encontramos, la Biblia y yo nos encontraremos. Es decir, la Biblia fue escrita desde la perspectiva de Dios. No hay escapatoria honesta a esta conclusión.

Supongamos que atravesara un bosque vasto, oscuro y peligroso por primera vez. Antes de emprender este peligroso recorrido, me trajeron un guía que había recorrido el bosque con frecuencia y había guiado a muchas personas con seguridad, sin extraviar a nadie. Bajo su guía, comencé mi viaje por el bosque. Nos entendimos muy bien durante un tiempo, pero después de un tiempo llegamos a un lugar donde dos caminos se bifurcaban. El guía me dijo: "El camino de la derecha es el correcto".

Sin embargo, mi juicio y razón, según lo que pude observar, me indicaron que el camino de la izquierda era el que debía tomar. Le dije al guía: "Sé que has atravesado este bosque muchas veces y que has guiado a mucha gente con seguridad. Por eso, tengo gran confianza en tu juicio, pero en este caso creo que te equivocas. Mi razón y juicio, según lo que observo, me indican claramente que el camino de la izquierda es el que debo tomar. Nunca he atravesado este bosque, y tú sí, y sé que mi razón y mi juicio no son infalibles, pero son la mejor guía que tengo, y no puedo ignorarlos. Debo seguirlos".

Así que tomo el camino de la izquierda. Recorro aproximadamente una milla y luego llego a un pantano intransitable, y tengo que regresar y tomar el camino que me indicó el guía. Nos entendimos bien de nuevo durante un trecho, pero de nuevo llegamos a un lugar donde dos caminos se bifurcan. Esta vez el guía dice: "El camino de la izquierda es el que hay que tomar". Pero mi razonamiento y mi juicio, basados en mi observación, indican claramente que el camino de la derecha es el que hay que tomar, y de nuevo tenemos nuestra pequeña discusión.

Le digo al guía: "Sé que has pasado muchas veces por este bosque y nunca has descarriado a nadie. Tengo gran confianza en tu juicio, pero mi razón y mi sentido común, basados en mi observación, me dicen que el camino correcto es el que hay que tomar. Ahora sé que mi razón y mi sentido común no son infalibles, pero son la mejor guía que tengo, y no puedo ignorarlos".

Así que tomo de nuevo el otro camino. Camino unos ochocientos metros y luego me topo con una barrera de roca infranqueable. Tengo que regresar y seguir el camino que me indicó el guía. Supongamos que esto sucediera cincuenta veces, y cada vez el guía tuviera razón, y mi razón y sentido común, basados en lo que observé a través de mis sentidos, resultaran equivocados. ¿No crees que, la quincuagésima primera vez, tendría razón y sentido común suficientes para desechar mi juicio, siempre errado, y seguir el camino que me indicó el guía?

Esta ha sido mi experiencia exacta con la Biblia. Una y otra vez he llegado a una encrucijada, donde la Biblia decía una cosa y mi razón y sentido común parecían decir otra. Como un tonto, he ignorado la Biblia y seguido el camino que me dictaba la razón y el sentido común, y cada vez he tenido que volver atrás y seguir el camino que dictaba la Biblia. Espero que la próxima vez que discrepemos con la Biblia, tenga el sentido común suficiente para ignorar mi razón y juicio, siempre erróneos, y seguir el camino que esta dicta.

Lo más irracional del mundo es lo que llamamos racionalismo. El racionalismo es un intento de someter las enseñanzas de la sabiduría infinita a la crítica de nuestro juicio finito. ¿Podría haber algo más irracional que eso? Al racionalista nunca se le ocurre que Dios pueda tener una buena razón para decir o hacer algo si él, el racionalista, no puede ver la razón. Uno de los mayores descubrimientos que he hecho fue un día en que caí en la cuenta de que Dios podría saber más que yo, y que Dios podría tener razón, cuando a mí me parecía que Él estaba equivocado.

Mi décima razón para creer que la Biblia es la Palabra de Dios se debe al testimonio del Espíritu Santo. A quien se pone en la actitud correcta hacia Dios y la verdad, el Espíritu Santo le da testimonio directo de que la voz que le habla desde la Biblia es la voz de Dios.

A menudo nos encontramos con una anciana piadosa, poco culta y poco leída, que aún tiene una fe firme en que la Biblia es la Palabra de Dios. Si le preguntan por qué cree que la Biblia es la Palabra de Dios, responderá: "Sé que la Biblia es la Palabra de Dios". Si le preguntan de nuevo: "¿Por qué crees que es la Palabra de Dios?", responderá: "Sé que es la Palabra de Dios". Si le preguntan de nuevo: "¿Por qué crees que es la Palabra de Dios?", responderá: "Sé que es la Palabra de Dios". Probablemente dirán: "Bueno, no voy a perturbar la fe de la anciana (no teman, porque no podrían ni aunque quisieran), porque ella está más allá de toda discusión". Se equivocan, pues ella está por encima de toda discusión.

Jesucristo dijo: El que es de Dios escucha las palabras de Dios (Juan 8:47). Jesucristo también dijo: *Mis ovejas oyen mi voz* (Juan 10:27). Esa mujer es hija de Dios y conoce la voz de su Padre, y sabe que la voz que le habla desde la Biblia es la voz de Dios. Es una de las ovejas de Cristo y sabe que la voz que le habla desde la Biblia es la voz del verdadero Pastor.

Puedo decirles a todos cómo pueden llegar a ese mismo punto donde podrán distinguir la voz de Dios y saber que la voz que les habla desde la Biblia es la voz de Dios. Jesucristo mismo nos lo dice en Juan 7:17: *Si alguien quiere hacer Su voluntad* [de Dios], *sabrá si mi enseñanza es de Dios o si hablo de mí mismo*. La entrega de la voluntad a Dios abre los ojos del alma para ver la verdad de Dios. Jesucristo no exige que creamos sin pruebas, pero sí exige que adoptemos esa actitud moral hacia Dios y la verdad que nos capacita para apreciar la evidencia. No hay nada que aclare tanto la mente humana como la entrega de la voluntad a Dios.

Hace unos años, impartía una conferencia a nuestros estudiantes en Chicago sobre cómo tratar con escépticos e incrédulos. Nuestra sala de conferencias en Chicago está abierta a personas de todo tipo y condición, y a menudo se reúne un público variado: cristianos y judíos, católicos y protestantes, creyentes, escépticos, incrédulos, agnósticos y ateos. Al final de la conferencia, la esposa del difunto Dr. A. J. Gordon, de Boston, se me acercó y me dijo:

—¿Viste al hombre sentado a mi lado mientras hablabas?

Yo lo había notado porque había tenido una breve conversación con él antes.

—Bueno —añadió—, mientras hablabas, lo oí decir: "Ojalá lo intentara conmigo".

—Me encantaría —dije.

—Bueno, ahí está, en la esquina.

No necesité ir a verlo, pues cuando los demás se fueron, él se acercó a mí.

—Sr. Torrey, no quiero ser descortés, pero mi experiencia contradice todo lo que les ha dicho a estos estudiantes esta mañana.

—¿Ha hecho lo que les dije a estos estudiantes para que el infiel o escéptico hiciera, y les garanticé que si lo hacían, saldrían de sus dudas e incredulidad y alcanzarían una fe clara en la Biblia como la Palabra de Dios y en Jesús como el Hijo de Dios? —le pregunté.

—Sí, lo he hecho todo.

—Ahora —dije—, asegurémonos de esto.

Llamé a mi secretaria y le dicté algo así: "Creo que hay una diferencia absoluta entre el bien y el mal (no dije: 'Creo que hay un Dios', porque este hombre era agnóstico y no afirmaba ni negaba la existencia de Dios, y hay que empezar por donde uno está), y así mismo me afirmo en mi derecho a seguirlo adondequiera que me lleve. Prometo hacer una búsqueda honesta para descubrir si Jesucristo es el Hijo de Dios, y si encuentro que es, prometo aceptarlo como mi Salvador y confesarlo públicamente ante el mundo".

Mi secretaria trajo dos copias de esto, se las entregué al hombre y le dije:

—¿Estás dispuesto a firmar esto?

—Por supuesto —respondió, y los firmó. Dobló uno y se lo guardó en el bolsillo. Yo doblé el otro y me lo guardé en el mío. —No hay nada —añadió—. Mi caso es muy inusual.

Su caso era realmente inusual. Había pasado por el unitarismo, el espiritismo, la teosofía y prácticamente todos los demás "ismos", y ahora era un agnóstico declarado.

—Otra cosa —añadí—. ¿Sabes con certeza que no existe Dios?

—No —dijo—. No sé si no existe Dios. Cualquiera sería un tonto si dijera que sabe que no existe Dios. Soy agnóstico. Ni afirmo ni niego.

—Bueno, sé que existe Dios, pero eso no te servirá de nada. ¿Sabes que Dios no responde a las oraciones?

—No. No sé si Dios no responde a las oraciones. No creo que Él responda a las oraciones, pero no sé si Él no responde a las oraciones.

—Bueno, sé que Él sí responde a las oraciones, pero eso no te servirá de nada. Sin embargo, aquí tienes una posible pista para el conocimiento. Eres graduado de una universidad británica, ¿verdad?

—Sí.

—Conoces el método de la ciencia moderna, ¿verdad?

El método de la ciencia moderna consiste en que si uno encuentra una posible pista para el conocimiento, debe seguirla para ver qué puede haber en ella. Bueno, aquí tienes una posible pista. ¿Adoptarás los métodos de la ciencia moderna en la investigación religiosa? ¿Seguirás esta posible pista para ver qué puede haber en ella? ¿Ofrecerás la siguiente oración? "Oh Dios, si hay algún Dios, muéstrame si Jesucristo es Tu Hijo o no, y si me muestras que lo es, prometo aceptarlo como mi Salvador y confesarlo como tal ante el mundo".

—Sí —dijo—. También haré eso, pero no hay nada ahí. Mi caso es muy inusual.

—Una cosa más —agregué—. Juan 20:31 dice: *Estas cosas se han escrito para que creáis que Jesús es el Cristo, el Hijo de Dios; y para que al creer, tengáis vida en su nombre.* Juan nos dice aquí que el Evangelio de Juan fue escrito para mostrar a la gente la prueba de que Jesús es el Cristo, el Hijo de Dios. ¿Leerás la prueba? ¿Leerás el Evangelio de Juan?

—Lo he leído una y otra vez —respondió—. Puedo citarte partes si quieres oírlas.

—No —dije—, pero quiero que lo leas esta vez de una manera nueva. Cada vez, antes de leer, ofrece esta oración: "Oh Dios, si hay algún Dios, muéstrame qué verdad hay en los versículos que estoy a punto de leer, y lo que me muestres como cierto, prometo aceptarlo y defenderlo". Ahora, no leas demasiados versículos a la vez. No intentes creer o descreer. Simplemente, estate abierto a la convicción de la verdad. Presta mucha atención a lo que lees y cuando hayas terminado el Evangelio, infórmame del resultado.

—Sí— dijo—. Lo haré todo, pero no hay nada en ello. Mi caso es muy inusual.

—No te preocupes por eso —dije. Repasé las tres cosas que había prometido hacer y nos separamos. Unas dos semanas después, estaba hablando en el lado sur, y vi a este hombre en el salón. Al final de la reunión, se me acercó.

—Sí había algo en eso

—Eso ya lo sabía —respondí.

—Bueno —dijo—, desde que cumplí lo que prometí, es como si me hubiera arrastrado el río Niágara, y lo primero que sé es que seré un metodista vociferante.

Me hice metodista para la ocasión y dije: "¡Alabado sea el Señor!". Fui al este para dar conferencias en algunas escuelas de Massachusetts. Cuando regresé, había una recepción y este hombre estaba allí.

—¿Estás ocupado? —se me acercó y me preguntó.

—No demasiado ocupado para hablar contigo —respondí. Entramos en otra habitación.

—No lo entiendo. No entiendo cómo alguna vez escuché a estos hombres —dijo, mencionando a varios escritores y oradores unitarios e infieles—. Ahora todo esto me parece una tontería.

—Ah, la Biblia explica eso en 1 Corintios 2:14: *El hombre natural no acepta las cosas del Espíritu de Dios, porque para él son necedad; y no las puede entender, porque se disciernen espiritualmente.* Has adoptado la actitud correcta hacia la verdad y Dios te ha abierto los ojos para que la veas.

Él nació con una fe clara en Jesucristo como el Hijo de Dios y en la Biblia como la Palabra de Dios. Si alguno de ustedes duda de esta historia, compruébenla ustedes mismos y tendrán una historia propia que contar.

La Biblia es la Palabra de Dios. La voz que nos habla desde este Libro es la voz de Dios. Alguien dirá: "Supongamos que es la Palabra. ¿Qué parte?". ¡Toda! Si la Biblia es la Palabra de Dios, entonces Jesucristo es el Hijo de Dios, y no hay salvación para ninguno de nosotros fuera de una fe viva en Él que nos lleve a depositar toda nuestra confianza para el perdón en Su obra expiatoria en la cruz del Calvario y a entregar nuestra voluntad y nuestra vida por completo a Su control. ¿Lo han hecho? ¿Lo harán ahora?

Capítulo 5

¿Realmente resucitó Jesucristo?

La resurrección de Jesucristo es, en muchos aspectos, el hecho más importante de la historia. Es el Gibraltar de las evidencias cristianas, el Waterloo de la incredulidad. Si se puede demostrar con certeza histórica que Jesús resucitó, entonces el cristianismo se asienta sobre un fundamento invencible. Toda verdad esencial del cristianismo está involucrada en la resurrección. Si la resurrección se mantiene, entonces toda doctrina esencial del cristianismo se mantiene. Si la resurrección se derrumba, entonces toda doctrina esencial del cristianismo se derrumba. Los escépticos y ateos inteligentes lo saben.

Un destacado escéptico ha dicho recientemente que no tiene sentido perder el tiempo discutiendo los otros milagros. La pregunta esencial es: ¿resucitó Jesucristo? Si lo hizo, es bastante fácil creer en los otros milagros.

Si no lo hizo, los otros milagros deben desaparecer. Estoy seguro de que este escéptico ha expuesto correctamente el caso.

Hay tres líneas distintas de prueba de la veracidad de las afirmaciones contenidas en los cuatro Evangelios respecto a la resurrección de Jesucristo.

En primer lugar, está la evidencia externa de la autenticidad y veracidad de los relatos evangélicos. Este argumento es completamente satisfactorio, pero no lo abordaremos en este momento porque es largo y complejo, y tomaría mucho tiempo analizarlo satisfactoriamente. Los demás argumentos son tan suficientes que podemos prescindir de él, por muy útil que sea en su lugar.

El segundo argumento se basa en las pruebas internas de la veracidad de los relatos evangélicos. Este argumento es absolutamente concluyente y lo expondremos brevemente. No asumiremos nada en absoluto. No asumiremos que los cuatro relatos evangélicos sean historia verdadera. No asumiremos que los cuatro Evangelios fueron escritos por los hombres cuyos nombres llevan. Ni siquiera asumiremos que fueron escritos en el siglo en el que se alega que Jesús vivió, murió y resucitó, ni en el siglo siguiente, ni en el siguiente. No asumiremos nada en absoluto. Comenzaremos con un hecho que todos sabemos que es cierto: hoy tenemos los cuatro Evangelios, quienquiera que los haya escrito. Los colocaremos uno al lado del otro y veremos si podemos reconocer en ellos las marcas de la verdad o de la ficción.

Lo primero que notamos al comparar estos Evangelios es que son cuatro relatos separados e independientes. Esto se desprende claramente de las aparentes discrepancias en los cuatro relatos. Estas aparentes discrepancias son obvias y numerosas. Habría sido imposible que cuatro relatos se hubieran inventado en connivencia y que tuvieran tantas y tan obvias discrepancias.

Existe una armonía entre los cuatro relatos, pero esta armonía no es superficial. Solo se manifiesta mediante un estudio profundo y minucioso. Es el mismo tipo de armonía que existiría entre relatos escritos por varias personas diferentes, cada una analizando los acontecimientos registrados desde su propia perspectiva. Es precisamente esta armonía la que no existiría en cuatro relatos creados en connivencia. En cuatro relatos creados en connivencia, cualquier armonía habría sido superficial. Cualquier discrepancia solo habría surgido mediante un estudio preciso y cuidadoso, pero el caso es todo lo contrario. El hecho es que la armonía surge mediante un estudio preciso y cuidadoso, mientras que la aparente discrepancia es superficial. Verdaderos o falsos, estos cuatro relatos son separados e independientes entre sí. Los cuatro relatos se complementan. A veces, un tercer relato reconcilia las aparentes discrepancias entre otros dos.

Es evidente que estos relatos deben ser un registro de hechos que realmente ocurrieron, o bien son obras de ficción. Si son ficción, deben haber sido inventados de una de dos maneras: independientemente uno del otro o en connivencia. No pueden haber sido inventados independientemente, pues las coincidencias son demasiado evidentes y numerosas. No pueden haber sido inventados en connivencia, pues, como ya se ha visto, las aparentes discrepancias son demasiado numerosas y evidentes. No se inventaron independientemente ni en connivencia. Por lo tanto, es evidente que no fueron inventados en absoluto. Son una relación verdadera de los hechos tal como realmente ocurrieron.

Lo siguiente que notamos es que estos relatos presentan indicios sorprendentes de haber sido derivados de testigos presenciales. El relato de un testigo presencial se distingue fácilmente del de alguien que simplemente repite lo que otros le han dicho. Cualquiera que esté acostumbrado a sopesar las pruebas en tribunales o en estudios históricos aprende pronto a distinguir el relato de un testigo presencial de los simples rumores. Cualquier estudioso cuidadoso de los relatos evangélicos sobre la resurrección detectará rápidamente muchas características de un testigo presencial.

Hace unos años, mientras daba una conferencia en una universidad estadounidense, me presentaron a un caballero que era escéptico. Le pregunté qué carrera estaba cursando. Respondió que estaba cursando un posgrado en historia con el objetivo de ser profesor de historia.

—Entonces, ¿sabe que el relato de un testigo presencial difiere en aspectos obvios del relato de alguien que simplemente cuenta lo que ha oído de otros? —le dije.

—Sí —respondió.

—¿Ha leído con atención los cuatro relatos evangélicos sobre la resurrección de Cristo? —volví a preguntar.

—Sí.

—Dígame, entonces, ¿no ha notado indicios claros de que provienen de testigos presenciales?

—Sí —dijo —. Me ha impresionado mucho al leer los relatos.

Cualquiera que los lea con atención e inteligencia quedará impresionado por el mismo hecho.

La tercera cosa que notamos en estas narraciones evangélicas es su naturalidad, franqueza, autenticidad y sencillez. Si bien los relatos tienen que ver con lo sobrenatural, son en sí mismos sumamente naturales. Hay una ausencia absoluta de cualquier intento de distorsión o exageración. Se trata simplemente de una narración simple y directa de los hechos tal como ocurrieron.

A veces sucede que un testigo en el estrado cuenta una historia tan genuina, directa y natural, sin ningún intento de distorsión ni exageración, que su testimonio tiene peso independientemente de cualquier conocimiento que podamos tener sobre su carácter o su historia previa. Al escuchar su relato, nos decimos: "Este hombre dice la verdad".

El peso de este tipo de evidencia aumenta considerablemente y alcanza una certeza práctica cuando contamos con varios testigos independientes de este tipo que dan testimonio de los mismos hechos esenciales, pero con variedad de detalles: uno omitiendo lo que otro cuenta, y un tercero conciliando inconscientemente aparentes discrepancias entre ambos. Este es precisamente el caso de los cuatro relatos evangélicos sobre la resurrección de Cristo. Los autores de los Evangelios no parecen haber reflexionado en absoluto sobre el significado o la forma de muchos de los **hechos que** relatan. Simplemente relatan lo que vieron, con toda sencillez y franqueza, dejando la teorización a otros.

El Dr. William Furness, el gran erudito y crítico unitario, quien ciertamente no era muy partidario de lo sobrenatural, dice: "Nada puede superar en honestidad y sencillez los cuatro relatos de la primera aparición de Jesús después de Su crucifixión. Si estas cualidades no son discernibles aquí, debemos desesperar de poder discernirlas en ningún otro lugar".

Supongamos que encontramos cuatro relatos de la batalla de Monmouth. No se sabía nada decisivo sobre la autoría de estos relatos, pero al compararlos, descubrimos que eran claramente independientes. Además, encontramos indicios convincentes de que provenían de testigos presenciales. Todos ellos se caracterizaban por esa honestidad, sencillez y franqueza que transmiten convicción. Descubrimos que, si bien discrepaban ligeramente en detalles menores, coincidían sustancialmente en su relato de la batalla.

Aunque desconociéramos la autoría o la fecha de estos relatos, ¿no diríamos, en ausencia de otro relato, que "estos son relatos verídicos de la batalla de Monmouth"? Este es exactamente el caso de las cuatro narraciones evangélicas. Son claramente independientes entre sí, con la clara marca de haber sido derivadas de testigos presenciales, caracterizadas por una autenticidad, sencillez y franqueza inigualables, aparentemente discrepando en detalles menores, pero en perfecto acuerdo en cuanto a los grandes hechos esenciales. Si somos justos y honestos, ¿no nos vemos obligados lógicamente a decir: "Estos son relatos verídicos de la resurrección de Jesús"?

Lo siguiente que notamos es la evidencia involuntaria de palabras, frases y detalles incidentales. A menudo ocurre que, cuando un testigo testifica, la evidencia involuntaria que presenta mediante palabras y frases, y mediante detalles incidentales que introduce, es más convincente que su testimonio directo, porque no es el testimonio del testigo, sino el testimonio de la verdad misma. Los relatos evangélicos abundan en este tipo de evidencia.

Un ejemplo es el hecho de que en todos los relatos evangélicos sobre la resurrección, probablemente entendamos que Jesús no fue reconocido inicialmente por Sus discípulos cuando se les apareció después de Su resurrección (p. ej., Lucas 24:16 y Juan 21:4). No se nos dice por qué, pero si lo pensamos un poco, pronto lo descubriremos.

Sin embargo, los relatos evangélicos simplemente registran el hecho sin intentar explicarlo. Si las historias fueran ficticias, nunca se habrían inventado de esta manera, pues los escritores habrían percibido de inmediato la objeción que habría surgido en las mentes de quienes no querían creer en la resurrección; es decir, que no fue realmente Jesús a quien vieron los discípulos. ¿Por qué, entonces, se cuenta la historia de esta manera? Es por la razón evidente de que los evangelistas no inventaban la historia para causar efecto, sino que registraban los acontecimientos exactamente como ocurrieron. Así fue como ocurrió, y por lo tanto así lo contaron. No se trata de una invención de incidentes imaginarios, sino de un registro exacto de hechos observados y registrados con precisión.

He aquí un segundo ejemplo. En todos los relatos evangélicos sobre las apariciones de Jesús después de Su resurrección, no hay ni una sola aparición registrada de Jesús a un enemigo u oponente de Cristo. Todas las apariciones fueron a quienes ya eran creyentes. Con un poco de reflexión, podemos entender fácilmente por qué, pero en ningún lugar de los Evangelios se nos explica por qué.

Si las historias fueran inventadas, ciertamente nunca se habrían inventado de esta manera. Si los Evangelios son, como algunos quieren hacernos creer, invenciones construidas cien, doscientos o trescientos años después de que ocurrieran los supuestos acontecimientos, cuando todas las personas involucradas ya habían fallecido, Jesús habría sido representado apareciéndose a Caifás, Anás, Pilato y Herodes, confundiéndolos con Su reaparición de entre los muertos, pero no hay ninguna sugerencia de algo así en los relatos evangélicos. Todas las apariciones son a alguien que ya es creyente. ¿Por qué? Esto se debe a la evidente razón de que así fue como sucedieron los acontecimientos. Las narraciones evangélicas no se preocupan por crear una historia para causar impacto, sino simplemente por registrar los acontecimientos con precisión tal como ocurrieron y como fueron observados.

Encontramos otro ejemplo en el hecho de que las apariciones registradas de Jesús después de Su resurrección fueron solo ocasionales. Se aparecía en medio de Sus discípulos y luego desaparecía, sin ser visto de nuevo durante varios días. Podemos entender fácilmente por qué. Jesús intentaba apartar a Sus discípulos de su antigua comunión con Él en el cuerpo y prepararlos para la comunión en el Espíritu de los días venideros.

Sin embargo, no se nos dice esto en el relato evangélico. Nos corresponde descubrirlo por nosotros mismos. Es dudoso que los propios discípulos en ese momento comprendieran el significado de los hechos. Si hubieran estado inventando una historia para causar efecto, habrían representado a Jesús estando con ellos constantemente, viviendo con ellos, comiendo y bebiendo con ellos día tras día. ¿Por qué, entonces, se cuenta la historia tal como se registra en los cuatro Evangelios? Esto se debe a que así fue como todo ocurrió, y los escritores de los Evangelios simplemente se preocuparon por dar una representación exacta de los hechos tal como los presenciaron ellos mismos y otros.

Encontramos otro ejemplo muy notable en lo que se registra sobre las palabras de Jesús a María en su primer encuentro. En Juan 20:17, se registra que Jesús le dijo a María: *Suéltame porque todavía no he subido al Padre*. No se nos dice por qué Jesús le dijo esto a María. Nos queda descubrir la razón por nosotros mismos, si podemos. Los comentaristas han tenido muchas dificultades para comprender la razón de esto. Varían mucho entre sí en sus explicaciones de las palabras de Jesús. Consulten los comentarios y encontrarán que un comentario da una razón, otro da una diferente, y así sucesivamente.

Tengo una razón propia que nunca he visto en ningún comentario y estoy convencido de que es la verdadera razón, pero nunca he podido convencer a otros de que fuera la verdadera razón. ¿Por qué, entonces, esta pequeña declaración de Jesús fue incluida en el relato del Evangelio sin una sola palabra de explicación y ha llevado veinte siglos explicarla, pero aún no está explicada completa y satisfactoriamente?

Ciertamente, un escritor que inventa una historia no añadiría un detalle como ese sin un significado aparente y sin intentar explicarlo. Las historias inventadas se inventan con un propósito. Los detalles insertados se insertan con un propósito, un propósito más o menos evidente. Sin embargo, veinte siglos de estudio no han podido descubrir el propósito de su inserción. ¿Por qué, entonces, está ahí? Está ahí porque esto es exactamente lo que sucedió. Esto es lo que dijo Jesús. Esto es lo que María oyó. Esto es lo que María contó. Por lo tanto, esto es lo que Juan registró. No tenemos ficción, sino un registro preciso de las palabras pronunciadas por Jesús después de Su resurrección.

Otro detalle incidental que se introduce en la narración del Evangelio y que constituye una prueba decisiva de su exactitud histórica se encuentra en Juan 19:34. Se nos dice que cuando uno de los soldados atravesó el costado de nuestro Señor crucificado con una lanza, inmediatamente brotó sangre y agua, pero no se nos dice la razón. De hecho, el escritor no podía saber el motivo.

En aquella época, nadie en la Tierra poseía suficientes conocimientos de fisiología como para conocer la razón. Solo siglos después se descubrió la razón fisiológica. El distinguido Dr. Simpson, de la Universidad de Edimburgo y descubridor del cloroformo, escribió un impactante folleto durante su vida en el que demostraba con fundamento científico que Jesucristo murió de lo que en lenguaje científico se denomina "extravasación de sangre" o, en lenguaje popular, "un corazón roto".

Cuando uno muere de esta manera, los brazos se extienden (por supuesto, los brazos de Jesús ya estaban extendidos en la cruz) y se oye un fuerte grito (como el que pronunció Jesús: *Dios mío, Dios mío, ¿por qué me has abandonado?*). "La sangre se escapa al pericardio e impide que el corazón lata. Allí la sangre permanece un breve periodo; se separa en suero (el agua) y coágulo (los glóbulos rojos, la sangre). Cuando el soldado perforó la bolsa (pericardio), la sangre y el agua fluyeron". Esta es la explicación científica del hecho registrado, pero Juan desconocía esta explicación. Nadie que viviera en aquel entonces la conocía y nadie la conoció durante siglos.

¿Es concebible que un escritor que inventó un relato de acontecimientos que nunca ocurrieron hubiera inventado e insertado un hecho con una explicación científica estricta, que encaja con precisión en los diversos hechos registrados, pero una explicación que ni él ni nadie que viviera en ese momento podría haber conocido? ¿Cómo, entonces, llegó a registrarse de esta manera? Fue porque esto es precisamente lo que ocurrió, y aunque Juan desconocía la explicación, observó el hecho y lo registró tal como lo observó, dejando que el tiempo y el descubrimiento científico demostraran de manera concluyente la exactitud histórica de lo que relató.

Sin duda, no tenemos aquí ninguna ficción, sino un registro exacto de algo que ocurrió y se observó exactamente como está registrado. En el próximo capítulo les daré muchos más ejemplos e ilustraciones notables de la veracidad evidente e incuestionable de los relatos evangélicos sobre la resurrección de Cristo.

Capítulo 6

La veracidad evidente de los relatos evangélicos sobre la resurrección

En el capítulo anterior, comenzamos a considerar la pregunta: "¿Realmente resucitó Jesús de entre los muertos?". Empezamos sin asumir nada. Partimos del hecho bien conocido de que tenemos los cuatro Evangelios. Sean verdaderos o falsos, y quienquiera que los haya escrito, sin duda los tenemos. Los comparamos y, a partir de su estudio, intentamos descubrir si eran el relato de acontecimientos reales o ficticios. Vimos que, a menudo, cuando un testigo presencial declara, la evidencia involuntaria que presenta con palabras, frases y detalles incidentales es más eficaz que su testimonio directo, porque no es el testimonio del testigo, sino el testimonio de la verdad misma. Dimos algunos ejemplos de esto y en este capítulo daremos más.

Pasen a Juan 20:24-25: *Tomás, uno de los doce,*

llamado el Dídimo, no estaba con ellos cuando Jesús vino. Entonces los otros discípulos le decían: ¡Hemos visto al Señor! Pero él les dijo: Si no veo en sus manos la señal de los clavos, y meto el dedo en el lugar de los clavos, y pongo la mano en su costado, no creeré.

¡Cuán cierto es todo esto en la vida! Concuerda perfectamente con lo que se nos dice sobre Tomás en otros pasajes. Tomás era el incrédulo de la compañía apostólica, el hombre que parece haber sido gobernado por el testimonio de sus sentidos. Tomás es quien, cuando Jesús dijo que iba de nuevo a Judea, dijo con desaliento: *Vamos nosotros también para morir con él* (Juan 11:15-16). Fue Tomás quien, en Juan 14:4-5, cuando Jesús dijo: *Y conocéis el camino adonde voy*, respondió: *Señor, si no sabemos adónde vas, ¿cómo vamos a conocer el camino?* Es Tomás quien ahora dice: *Si no veo en sus manos la señal de los clavos, y meto el dedo en el lugar de los clavos, y pongo la mano en su costado, no creeré.* ¿Es esto inventado o es la vida? Inventarlo requeriría un talento literario que excedía con creces las posibilidades del autor.

Veamos ahora Juan 20:4-6: *Los dos corrían juntos, pero el otro discípulo corrió más aprisa que Pedro, y llegó primero al sepulcro; e inclinándose para mirar adentro, vio las envolturas de lino puestas allí, pero no entró. Entonces llegó también Simón Pedro tras él, entró al sepulcro...*

Esto, de nuevo, concuerda bastante con lo que sabemos de los hombres. María, regresando apresuradamente del sepulcro, irrumpió donde estaban los dos discípulos y exclamó: *Se han llevado al Señor del sepulcro, y no sabemos dónde le han puesto* (Juan 20:2). Juan y Pedro se pusieron de pie de un salto y corrieron al sepulcro tan rápido como pudieron. Juan era el más joven de los dos discípulos. No se nos dice esto en la narración, pero lo sabemos por otras fuentes. Siendo más joven, era más rápido. Corría más rápido que Pedro y llegó primero al sepulcro. Sin embargo, siendo un hombre reservado y reverente, no entró en la tumba, sino que simplemente se agachó y miró dentro.

Pedro lo siguió tan rápido como pudo, pero al llegar a la tumba, no esperó ni un momento afuera, sino que se metió de lleno. ¿Es esto inventado o es la vida? La persona sería, sin duda, un artista literario de increíble habilidad, capaz de inventar esto, si no hubiera sucedido tal como se nos dijo. Por cierto, el relato también tiene un toque de precisión local. Cuando alguien visita hoy la tumba que los eruditos aceptan como el verdadero lugar de sepultura de Cristo, inconscientemente se ve obligado a agacharse para mirar dentro.

Ahora, vayamos a Juan 21:7: *Entonces aquel discípulo a quien Jesús amaba, dijo a Pedro: ¡Es el Señor! Oyendo pues, Simón Pedro que era el Señor, se ciñó la ropa (porque se la había quitado para poder trabajar), y se echó al mar.* Aquí nuevamente tenemos las marcas inconfundibles de la verdad y la vida. Recordemos las circunstancias.

Los apóstoles, siguiendo el mandato de Jesús, fueron a Galilea para encontrarse con Él. Jesús no apareció inmediatamente. Simón Pedro, con la pasión del pescador aún fuerte en su corazón, dijo que iba a pescar. Los demás dijeron que irían con él. Pescaron toda la noche y no pescaron nada. Al amanecer, Jesús estaba en la orilla, pero los discípulos no lo reconocieron en la penumbra. Jesús les preguntó si tenían algo de comer y ellos respondieron: "No".

Él los instó a echar la red a la derecha de la barca para pescar. Al echarla, no pudieron sacarla debido a la multitud de peces. En un instante, Juan, el hombre de rápida percepción espiritual, dijo: *Es el Señor*. Tan pronto como Pedro, un hombre de acción más impulsiva, oyó esto, agarró su abrigo de pescador, se lo echó encima, se arrojó por la borda y comenzó a nadar hacia la orilla para alcanzar al Señor.

¿Es esto inventado o es la vida? No es ficción. Si algún autor desconocido del cuarto Evangelio lo hubiera inventado, sería el maestro literario de todos los tiempos. Deberíamos eliminar cualquier otro nombre del panteón literario y poner su nombre por encima de todos.

Aquí hay otro ejemplo. Lean Juan 20:15: *Jesús le dijo: Mujer, ¿por qué lloras? ¿A quién buscas? Ella, pensando que era el hortelano, le dijo: Señor, si tú le has llevado, dime dónde le has puesto, y yo me lo llevaré*. Este es, sin duda, un toque que supera el talento de cualquiera de aquella época, o de cualquier época.

María había ido a la ciudad y les avisó a Pedro y a Juan que había encontrado el sepulcro vacío. Echaron a correr hacia él. Como María ya había hecho el viaje dos veces, la superaron fácilmente, pero con cansancio y lentitud regresó al sepulcro. Pedro y Juan ya se habían ido cuando llegó. Con el corazón roto y pensando que la tumba de su amado Señor había sido profanada, se quedó llorando fuera del sepulcro.

Dos ángeles estaban sentados en el sepulcro, uno a la cabecera y el otro a los pies, donde había yacido el cuerpo de Jesús, pero la mujer afligida no veía ángeles. Le dijeron: *Mujer, ¿por qué lloras?* Ella respondió: *Porque se han llevado a mi Señor, y no sé dónde lo han puesto.* Oyó pasos entre las hojas detrás de ella y se giró para ver quién venía. Vio a Jesús allí de pie, pero cegada por las lágrimas y la desesperación, no reconoció a su Señor.

Jesús le dijo: *¿Por qué lloras? ¿A quién buscas?* Ella pensó que era el jardinero que le hablaba y respondió: *Señor, si tú le has llevado, dime dónde le has puesto, y yo me lo llevaré.* Recuerden quién hizo la oferta y qué se ofreció a hacer. Una mujer débil se ofreció a llevarse a un hombre adulto. Claro que no podía hacerlo, pero qué fiel es a la naturaleza femenina que siempre olvida su debilidad y nunca se detiene ante lo imposible. Hay algo que hacer, y ella dice: "Lo haré". *Dime dónde le has puesto, y yo me lo llevaré.* ¿Es esto inventado? ¡Jamás! ¡Esto es la vida! ¡Esto es la realidad! ¡Esto es la verdad!

Vemos otro ejemplo en Marcos 16:7: *Pero id, decid a sus discípulos y a Pedro: Él va delante de vosotros a Galilea; allí le veréis, tal como os dijo.* Quiero que presten atención a dos palabras: *y Pedro*. ¿Por qué *y Pedro*? ¿No era Pedro uno de los discípulos? Ciertamente lo era. Él estaba a la cabeza de la compañía apostólica. ¿Por qué, entonces, se dijo: *Decid a sus discípulos y a Pedro?*

El texto no da ninguna explicación, pero la reflexión muestra que fue una expresión de amor hacia el discípulo descorazonado y desesperado que había negado a su Señor tres veces. Si el mensaje hubiera sido solo para los discípulos, Pedro habría dicho: "Sí, una vez fui discípulo, pero ya no puedo ser considerado como tal. Negué a mi Señor tres veces en esa terrible noche con juramentos y maldiciones. No se refiere a mí".

Sin embargo, nuestro tierno y compasivo Señor, a través de Sus mensajeros angelicales, envió el mensaje: "Vayan y díganselo a Sus discípulos, y a quien se lo digan, asegúrense de decírselo al pobre, débil, vacilante y desconsolado Pedro". ¿Es esto una invención o es una imagen real de nuestro Señor? Compadezco a quien sea tan insensible que piense que esto es ficción.

Por cierto, cabe destacar que esto solo se registra en el Evangelio de Marcos, que, como es bien sabido, es el Evangelio de Pedro. Mientras Pedro le dictaba a Marcos lo que debía registrar, me imagino a Pedro volviéndose hacia Marcos con lágrimas en los ojos y un corazón agradecido, diciendo: "Marcos, asegúrate de incluir esto: ¡Decid *a sus discípulos y a Pedro!*".

Pasemos ahora a Juan 20:27-29: *Luego dijo a Tomás: Acerca aquí tu dedo, y mira mis manos; extiende aquí tu mano y métela en mi costado; y no seas incrédulo, sino creyente. Respondió Tomás y le dijo: ¡Señor mío y Dios mío! Jesús le dijo: ¿Porque me has visto has creído? Dichosos los que no vieron, y sin embargo creyeron.*

Observen tanto la acción de Tomás como la reprimenda de Jesús. Ambas son demasiado características como para atribuirlas al arte de algún maestro de la ficción. Tomás no había estado con los discípulos en la primera aparición de nuestro Señor. Había pasado una semana y había llegado otro Domingo del Señor. Esta vez, Tomás se aseguró de estar presente. Si el Señor iba a aparecer, Tomás estaría allí. Si hubiera sido como algunos escépticos modernos, se habría esforzado por estar lejos, pero aunque dudaba, era un incrédulo sincero y quería saber. De repente, Jesús se puso en medio. Le dijo a Tomás: *Acerca aquí tu dedo, y mira mis manos; extiende aquí tu mano y métela en mi costado; y no seas incrédulo, sino creyente.* Los ojos de Tomás se abrieron por fin. Su fe, largamente contenida, rompió todas las barreras y lo llevó a una altura superior a la que cualquier otro discípulo había alcanzado hasta entonces. Con júbilo y adoración, miró al rostro de Jesús y dijo: *Señor mío y Dios mío.*

Entonces Jesús, con ternura pero con escrutinio, lo reprendió. *¿Porque me has visto has creído? Dichosos los que no vieron, y sin embargo creyeron* (tan ansiosos por encontrar, tan rápidos para ver y tan dispuestos a aceptar la verdad que no esperan una demostración visual, sino que están dispuestos a aceptarla con un testimonio adecuado). ¿Es esto una invención o es la vida? ¿Es esto un relato de los hechos tal como ocurrieron o es una creación ficticia de algún artista maestro?

Pasemos ahora a Juan 21:21-22: *Entonces Pedro, al verlo, dijo a Jesús: Señor, ¿y este, qué? Jesús le dijo: Si yo quiero que él se quede hasta que yo venga, ¿a ti, qué? Tú, sígueme.* Veamos el contexto de estas palabras. Los discípulos estaban en la playa de Galilea. Habían terminado de desayunar y Jesús le había dicho a Pedro que lo glorificaría con una muerte de mártir. Jesús entonces comenzó a caminar por la playa y le dijo a Pedro: *Sígueme.* Pedro empezó a seguirlo, pero luego miró hacia atrás para ver qué hacían los demás. Vio que Juan también lo seguía. Con su curiosidad característica, Pedro dijo: *Señor, si he de morir por ti, ¿qué hará este hombre?*

Jesús nunca respondió a preguntas de mera curiosidad especulativa sobre los demás, sino que le señaló a quien le preguntaba su propio deber. En otra ocasión (Lucas 13:23-24), alguien se acercó a Jesús y le preguntó: *¿Son pocos los que se salvan?* Jesús respondió a la pregunta diciéndole que se asegurara de ser salvo él mismo.

Ahora aparta a Pedro, curioso, de las preguntas que no le conciernen respecto a los demás y le señala su deber inmediato. Jesús dijo: *Si yo quiero que se él quede hasta que yo venga, ¿a ti, qué? Tú, sígueme.* ¿Es esto una invención, o es la vida y la realidad?

Vamos otros versículos del mismo capítulo, Juan 21:15-17:

> Entonces, cuando habían acabado de desayunar, Jesús dijo a Simón Pedro: *Simón, hijo de Juan, ¿me amas más que estos? Pedro le dijo: Sí, Señor; tú sabes que te quiero. Jesús le dijo: Apacienta mis corderos. Y volvió a decirle por segunda vez: Simón, hijo de Juan, ¿me amas? Pedro le dijo: Sí, Señor; tú sabes que te quiero. Jesús le dijo: Pastorea mis ovejas. Le dijo por tercera vez: Simón, hijo de Juan, ¿me quieres? Pedro se entristeció porque la tercera vez le dijo: ¿Me quieres? Y le respondió: Señor, tú lo sabes todo; tú sabes que te quiero. Jesús le dijo: Apacienta mis ovejas.*

Lo que quiero que noten especialmente aquí son las palabras: *Pedro se entristeció porque la tercera vez le dijo: ¿Me quieres? ¿Por qué Jesús le preguntó tres veces: "¿Me amas?"*? ¿Por qué se entristeció Pedro porque Jesús se lo preguntó tres veces? No se nos dice en el texto, pero si lo leemos a la luz de la triple negación de Pedro a su Señor, lo entenderemos. Pedro había negado al Señor tres veces y Jesús le dio la oportunidad de reafirmar su amor tres veces. Por muy tierno que fuera, también le recordó a Pedro aquella terrible noche en la que había negado al Señor tres veces en el patio de Anás y Caifás. Pedro se entristeció porque Jesús le dijo la tercera vez: ¿Me *quieres?*

¿Es esto inventado? ¿Lo inventó el escritor con este hecho en mente? Si lo hubiera hecho, seguramente lo habría mencionado. No, esto no es ficción; simplemente relata lo que realmente ocurrió. La veracidad del relato se hace aún más evidente en la traducción griega que en la traducción al inglés [N. de T: idioma original de este libro, que usa la palabra "love"]. Se usan dos palabras diferentes para el amor. Jesús, al preguntarle a Pedro: *¿Me amas?*, usó una palabra fuerte, propia de un amor más elevado. Cuando Pedro respondió: *Señor, tú sabes que te quiero*, usó una palabra más suave, pero más tierna. La segunda vez, Jesús usó la palabra más fuerte: *¿Me amas?*, y Pedro respondió la segunda vez con la palabra más suave. En su tercera pregunta, Jesús se puso al nivel de Pedro y usó la palabra más suave que Pedro había usado. Pedro respondió: *Señor, tú lo sabes todo; tú sabes que te quiero*, usando la misma palabra más suave.

Observen de nuevo la pertinencia de la manera en que Jesús se reveló a diferentes personas después de Su resurrección. A María, simplemente se le reveló llamándola por su nombre. Lean Juan 20:16: *Jesús le dijo: ¡María! Ella, volviéndose, y le dijo en hebreo: ¡Raboní! (que quiere decir, Maestro).* ¡Qué delicado toque de naturaleza tenemos aquí! María, como vimos hace unos momentos, estaba de pie fuera del sepulcro, abrumada por el dolor. No había reconocido a su Señor, aunque Él le había hablado. Lo había confundido con el hortelano. Dijo: «*Señor, si tú le has llevado de aquí, dime dónde le has puesto, y yo me lo llevaré.*

Entonces Jesús pronunció una sola palabra: *María*. Al oír ese nombre tembloroso en el aire matutino, pronunciado con el tono familiar de siempre y como nadie más lo había pronunciado excepto Él, sus ojos se abrieron al instante. Cayó a Sus pies e intentó aferrarse a ellos. Lo miró a la cara y exclamó: *Raboní, mi Maestro*.

¿Es eso inventado? No. Es la vida. Este es Jesús y esta es la mujer que Lo amó. Ningún autor desconocido del siglo II, III o IV ha producido una obra maestra como esta. Nos encontramos aquí, sin duda, cara a cara con la realidad, con la vida y con Jesús y María tal como realmente fueron.

Jesús se dio a conocer a los dos hombres que iban camino a Emaús al partir el pan. Lean Lucas 24:30-31: *Y sucedió que al sentarse a la mesa con ellos, tomó pan, y lo bendijo; y partiéndolo, les dio. Entonces les fueron abiertos los ojos y le reconocieron; pero Él desapareció de la presencia de ellos.*

Lo reconocieron al partir el pan. ¿Por qué? El

evangelista no da ninguna explicación, pero no es difícil leer entre líneas y encontrar la explicación. En cada uno de los Evangelios se hace mención enfática de Jesús dando gracias en las comidas. Había algo tan característico en Su forma de dar gracias en las comidas, tan real, tan diferente de como nunca lo habían visto hacerlo. Había una aproximación tan evidente a la presencia misma de Dios, tan diferente de la formalidad e irrealidad de otros en semejante momento, que en el momento en que Jesús alzó los ojos y dio gracias, se les abrieron los ojos y Lo reconocieron. Esto también es realidad y vida, no ficción.

A Tomás, el hombre gobernado por sus sentidos, Jesús se dio a conocer al mostrarle la marca de los clavos en Sus manos y el agujero en Su costado. A Juan y Pedro, se dio a conocer como al principio, en la pesca milagrosa. En cada detalle, la narración tiene una coherencia y una veracidad que imposibilita la suposición de ficción.

Veamos otro ejemplo. Lean atentamente Juan 20:7: *Y el sudario que había estado sobre la cabeza de Jesús, no puesto con las envolturas de lino, sino enrollado en un lugar aparte.* Qué extraño que un detalle tan pequeño como este se añadiera a la historia sin ninguna explicación, y sin embargo, ¡cuán profundamente significativo es este pequeño detalle inexplicable!

Cuando estudiaba en el seminario teológico, un estudiante de último año llegó a casa un domingo por la tarde de su clase de Biblia bastante disgustado. Daba clase a mujeres jóvenes trabajadoras de unos veinte años. Dijo: "Una de mis alumnas me hizo una pregunta tonta hoy. Me preguntó si tenía algún significado que el sudario estuviera envuelto en un lugar aparte. ¡Como si eso tuviera algún significado!". En realidad, no era una trabajadora obrera estúpida, sino un teólogo estúpido, pues el significado más profundo reside en que el sudario se doblara y se colocara solo.

Jesucristo estaba muerto. Durante tres días y tres noches, desde el miércoles al atardecer hasta el sábado al atardecer, Su cuerpo yació frío y silencioso en el sepulcro, tan muerto como nadie lo ha estado jamás, pero finalmente llegó la hora señalada. El aliento de Dios inundó la arcilla dormida y silenciosa, y en ese momento supremo de Su vida terrenal, ese momento supremo de la historia humana, cuando Jesús resucitó triunfante sobre la muerte y Satanás, no hubo emoción alguna por Su parte. Con esa misma fe y confianza en el cuidado constante del Padre que caracterizó toda Su carrera, con la misma calma que mostró en la Galilea azotada por la tormenta, cuando Sus discípulos, asustados, lo despertaron de su sueño y le dijeron: *Maestro, ¿no te importa que perezcamos?* Y Él se levantó en la cubierta del barco agitado y dijo a las olas y vientos embravecidos: *¡Cálmate, sosiégate!* Y hubo una gran calma, así que ahora, de nuevo en ese glorioso y maravilloso momento, no se arrancó el sudario del rostro con entusiasmo ni lo arrojó a un lado, sino que, sin ninguna prisa, conmoción ni desorden, lo tomó con calma de Su cabeza, lo enrolló y lo guardó ordenadamente.

¿Fue eso inventado? ¡Jamás! ¡Jamás! Esta no es una delicada obra maestra del arte de la novela romántica. Leemos aquí la sencilla narración de un detalle inigualable de una vida única que realmente se vivió aquí en la tierra, una vida tan exquisitamente hermosa que uno no puede leerla con una mente honesta y abierta sin sentir que se le llenan los ojos de lágrimas.

Alguien dirá: "Son detalles pequeños". Es cierto, pero precisamente por eso adquieren gran parte de su importancia. Es precisamente en estos detalles pequeños donde la ficción se revela. La ficción muestra su diferencia con la realidad en los detalles más pequeños. En las tramas más destacadas se puede hacer que la ficción parezca verdad, pero al examinarla minuciosamente, pronto se descubre que no es realidad, sino invención. Sin embargo, cuanto más minuciosamente examinamos las narraciones evangélicas, más nos impresiona su veracidad. La autenticidad, la naturalidad y la evidente veracidad de las narraciones, hasta en el más mínimo detalle, superan cualquier posibilidad de engaño.

Capítulo 7

La evidencia circunstancial de la resurrección de Cristo

En los dos últimos capítulos, hemos considerado algunas de las pruebas internas de la veracidad del relato evangélico. En este capítulo, consideramos la evidencia circunstancial de la resurrección de Cristo. Supongo que ya saben qué significa evidencia circunstancial.

La evidencia circunstancial se refiere a ciertos hechos o circunstancias probados o admitidos que exigen, para su explicación, el otro hecho que buscamos probar. Por ejemplo, un hombre fue encontrado asesinado. La única pista del asesino fue la punta de un cuchillo que se encontró rota en el corazón. Con esta pista, los detectives se pusieron manos a la obra.

Se encontró un cuchillo con la hoja rota. Los bordes dentados de la hoja rota encajaban exactamente en las muescas de la punta que se había encontrado en el corazón. Además, había rastros de sangre tanto en la punta como en la hoja y los rastros de sangre en la punta coincidían exactamente con los de la hoja. Se consideró probado que el asesinato fue cometido con ese cuchillo.

Tomemos otro ejemplo. Un rollo de tela fue robado de cierto fabricante. Se realizó una búsqueda. Se encontró un rollo que el fabricante afirmó ser suyo. Sin embargo, el hombre en cuyo poder se encontró el rollo afirmó que provenía de una fábrica completamente diferente. Cuando el rollo fue llevado a la fábrica de donde había sido robado, los agujeros en cada extremo encajaban perfectamente en el marco de la fábrica de donde supuestamente había sido robado, pero cuando fue llevado a la fábrica de donde el hombre afirmó haberlo obtenido, se descubrió que los agujeros en el extremo del rollo no encajaban en absoluto en el marco de esa fábrica. Con esta evidencia, se consideró probado que el rollo de tela provenía de la fábrica donde encajaba en el marco.

Hay abundante evidencia de este tipo en cuanto a la certeza de la resurrección de Cristo de entre los muertos. Hay ciertos hechos probados y admitidos que exigen la resurrección de Cristo para justificarlos.

1. Sin lugar a dudas, la verdad fundamental predicada en los primeros años de la historia de la iglesia fue la resurrección. Esta fue la única doctrina que los apóstoles siempre proclamaron. Independientemente de si Jesús resucitó o no, lo cierto es que lo único que los apóstoles proclamaron constantemente fue que había resucitado.

¿Por qué usarían esto como la piedra angular de su credo si no estaba bien atestiguado y firmemente creído? Además, dieron su vida por esta doctrina. La gente no da su vida por una doctrina en la que no cree firmemente. Afirmaron haber visto a Jesús después de Su resurrección, y en lugar de renunciar a su afirmación, murieron por ella.

Por supuesto, las personas pueden morir por un error, y a menudo lo han hecho. Sin embargo, en este caso sabrían si habían visto o no a Jesús, y no solo habrían muerto por un error, sino por una afirmación que sabían que era falsa. Esto no es creíble.

Además, si los apóstoles realmente creían firmemente, como se admite, que Jesús resucitó de entre los muertos, contaban con algunos hechos en los que basaban su creencia. Estos son los hechos que habrían compartido al relatar la historia y no habrían inventado una historia a partir de incidentes imaginarios. Sin embargo, si los hechos fueran como se relatan en los Evangelios, no hay posibilidad de eludir la conclusión de que Jesús realmente resucitó.

Además, si Jesús no hubiera resucitado, habría habido alguna evidencia de que no lo hizo. Sus enemigos habrían encontrado esta evidencia, pero los apóstoles recorrieron la misma ciudad donde había sido crucificado y proclamaron en la cara de los asesinos que había resucitado, y nadie pudo presentar evidencia de lo contrario. Lo máximo que pudieron hacer fue decir que los guardias se durmieron y que los discípulos robaron el cuerpo mientras los guardias dormían (Mateo 28:12-15). Las personas que dan testimonio de lo que sucede mientras duermen no son testigos creíbles. Es más, si los apóstoles hubieran robado el cuerpo, lo habrían sabido ellos mismos y no habrían estado dispuestos a morir por lo que sabían que era un fraude.

2. Otro hecho conocido es el cambio del día de descanso. La iglesia primitiva surgió de entre los judíos. Desde tiempos inmemoriales, los judíos habían celebrado el séptimo día de la semana como su día de descanso y adoración, pero encontramos a los primeros cristianos en los Hechos de los Apóstoles, y también en los primeros escritos cristianos, reuniéndose el primer día de la semana.

No hay nada más difícil que cambiar un día santo que se ha celebrado durante siglos y que es una de las costumbres más preciadas del pueblo. Lo especialmente significativo del cambio es que no se modificó por un decreto claro, sino por consenso general. Algo tremendo debió haber ocurrido para provocar este cambio. Los apóstoles afirmaron que lo que había sucedido ese día fue la resurrección de Cristo de entre los muertos, y esa es la explicación más racional. De hecho, es la única explicación razonable para el cambio.

3. El hecho más significativo de todos es el cambio, la transformación moral, en los discípulos. En el momento de la crucifixión de Cristo, encontramos a toda la compañía apostólica llena de vacío y desesperación absoluta. Vemos a Pedro, el líder de la compañía apostólica, negar a su Señor tres veces con juramentos y maldiciones.

Unos días después, sin embargo, vemos a este mismo hombre lleno de una valentía inquebrantable. Vemos a

Pedro de pie ante el mismo concilio que había condenado a muerte a Jesús, diciéndoles: *Sabed todos vosotros, y todo el pueblo de Israel, que en el nombre de Jesucristo el Nazareno, a quien vosotros crucificasteis y a quien Dios resucitó de entre los muertos, por Él, este hombre se halla aquí sano delante de vosotros* (Hechos 4:10). Un poco más tarde, cuando este concilio les ordenó no hablar ni enseñar en absoluto en el nombre de Jesús, oímos a Pedro y a Juan responder: *Vosotros mismos juzgad si es justo delante Dios obedecer a vosotros antes que a Dios; porque nosotros no podemos dejar de decir lo que hemos visto y oído* (Hechos 4:19-20).

Un poco más tarde, tras ser arrestados y encarcelados, en peligro de muerte, al ser severamente interrogados por el concilio, escuchamos a Pedro y a los demás apóstoles responder a su exigencia de que guardaran silencio respecto a Jesús. Respondieron: *Debemos obedecer a Dios antes que a los hombres. El Dios de nuestros padres resucitó a Jesús, a quien vosotros habíais matado colgándole en una cruz. A este Dios exaltó a su diestra como Príncipe y Salvador... y nosotros somos testigos de estas cosas* (Hechos 5:29-32).

Algo tremendo debió haber sucedido para explicar una transformación moral tan radical y asombrosa como esta. Nada menos que el hecho de la resurrección, de haber visto al Señor resucitado, lo explicará.

Estos hechos incuestionables son tan impresionantes y tan concluyentes que incluso eruditos ateos y judíos admiten ahora que los apóstoles creían que Jesús resucitó de entre los muertos. Incluso Ferdinand Baur lo admite. Incluso David Strauss dice: "Solo es necesario reconocer que los apóstoles creían firmemente que Jesús había resucitado". Evidentemente, Strauss no quiere admitir más de lo necesario, pero se siente obligado a admitirlo. Schenkel va más allá y dice: "Es un hecho indiscutible que, en la madrugada del primer día de la semana después de la crucifixión, la tumba de Jesús fue encontrada vacía. Es un segundo hecho que los discípulos y otros miembros de la comunión apostólica estaban convencidos de que Jesús fue visto después de la crucifixión". Estas admisiones son fatales para los racionalistas que las hacen.

Surge de inmediato la pregunta de dónde provienen esta convicción y creencia. Ernest Renan, en su libro *Vida de Jesús*, intenta dar una respuesta diciendo que "la pasión de una mujer alucinada (María) da al mundo un Dios resucitado". Con esto, Renan quiere decir que María estaba enamorada de Jesús. Tras la crucifixión de Jesús, María se lamentaba, y en la pasión de su amor, soñó que había alucinado al ver a Jesús resucitado. Informó que su sueño era real, y así, la pasión de una mujer alucinada dio al mundo un Dios resucitado.

Sin embargo, respondemos que la pasión de una mujer alucinada no era competente para esta tarea. Recordemos la composición del grupo apostólico. En el grupo apostólico estaban Mateo y Tomás, quienes necesitaban ser convencidos, y Saulo estaba fuera del grupo y necesitaba ser convertido. La pasión de una mujer alucinada no convencería a un incrédulo obstinado como Tomás ni a un recaudador de impuestos judío como Mateo. ¿Quién ha oído hablar de un recaudador de impuestos que pudiera ser engañado por la pasión de una mujer alucinada? Tampoco la pasión de una mujer alucinada convencerá a un enemigo feroz y concienzudo como Saulo de Tarso. Debemos encontrar una explicación más razonable que esta.

Strauss intentó explicarlo indagando si las apariciones podrían no haber sido visiones. A esto respondemos que, en primer lugar, no hubo un punto de partida subjetivo para tales visiones. Los apóstoles, lejos de esperar ver al Señor, apenas dieron crédito a sus propios ojos cuando lo vieron. Además, ¿quién ha oído hablar de once hombres que tuvieron la misma visión al mismo tiempo, y mucho menos de quinientos hombres que tuvieron la misma visión al mismo tiempo (1 Corintios 15:6)? Strauss nos exige que renunciemos a un milagro y lo sustituyamos por quinientos milagros. Nada puede superar la credulidad de la incredulidad.

El tercer intento de explicación es que Jesús no estaba realmente muerto cuando lo bajaron de la cruz, que sus amigos lo curaron y lo devolvieron a la vida. Dicen que lo que se suponía que era la aparición del Señor resucitado era la aparición de alguien que nunca había estado realmente muerto, sino que solo estaba aparentemente muerto y ahora simplemente había resucitado.

Para sustentar esta opinión, se ha argumentado el breve tiempo que Jesús estuvo colgado en la cruz y el hecho de que la historia nos habla de alguien en tiempos de Josefo que fue bajado de la cruz y resucitado. Sin embargo, respondemos a lo primero que debemos recordar los eventos que precedieron a la crucifixión: la agonía en el huerto de Getsemaní, la terrible experiencia de los cuatro juicios, la flagelación y el consiguiente estado físico en el que todo esto dejó a Jesús.

Recordemos también el agua y la sangre que brotaron del costado traspasado.

En segundo lugar, respondemos que sus enemigos habrían tomado, y tomaron, todas las precauciones necesarias para que algo así no sucediera (Juan 19:34): *Sino que uno de los soldados le abrió el costado con la lanza, y al instante salió sangre y agua.*

En tercer lugar, respondemos que si Jesús simplemente hubiera sido resucitado, habría estado tan débil y habría quedado tan destrozado físicamente que Su reaparición se habría medido en Su verdadero valor, y la transformación moral de los discípulos, que intentamos explicar, aún permanecería sin explicar. El oficial de la época de Josefo, citado como prueba, aunque resucitó, estaba destrozado físicamente.

Respondemos, en cuarto lugar, que si Jesús hubiera sido apenas resucitado, los apóstoles y amigos de Jesús, quienes supuestamente lo resucitaron, habrían sabido cómo lo hicieron. Habrían sabido que no se trataba de una resurrección, sino de una resucitación, y que el hecho principal a explicar, el cambio en ellos mismos, permanecería sin explicar. La explicación intentada es una explicación que no explica.

En quinto lugar, respondemos que la dificultad moral es la mayor de todas. Si se tratara simplemente de una resucitación, entonces Jesús intentó hacerse pasar por alguien resurrecto, cuando no era nada parecido. Eso lo convertiría en un gran impostor y todo el sistema cristiano se basaría en el fraude como su fundamento último. ¿Es posible creer que un sistema de religión como el de Jesucristo, que encarna preceptos y principios tan exaltados de verdad, pureza y amor, comenzó con un fraude deliberadamente planeado? Nadie cuyo corazón no esté contaminado por el fraude y el engaño puede creer que Jesús fue un impostor y que Su religión se basó en el fraude.

Hemos descartado todas las demás suposiciones posibles. Solo queda una: que Jesús realmente se levantó de entre los muertos al tercer día, como se registra en los Evangelios. La desesperada situación a la que se ven abocados quienes intentan negarlo es en sí misma una prueba de ello.

También tenemos varias líneas de argumentación independientes que apuntan decisivamente a la resurrección de Cristo. Algunas de ellas, tomadas por separado, prueban el hecho, pero en conjunto constituyen un argumento que hace imposible dudar de la resurrección de Cristo para la persona honesta.

Por supuesto, si alguien está decidido a no creer, ninguna prueba lo convencerá. Tal persona debe ser abandonada a su propia elección deliberada de error y falsedad, pero cualquiera que realmente desee conocer la verdad y esté dispuesto a obedecerla a cualquier precio debe aceptar la resurrección de Cristo como un hecho históricamente probado.

En realidad, solo hay una objeción seria a la doctrina de que Cristo resucitó de entre los muertos, y es que no hay evidencia concluyente de que alguien más haya resucitado de entre los muertos. Una respuesta suficiente a esto sería que, incluso si fuera cierto que nadie más resucitó, no probaría en absoluto que Jesús no resucitó, pues la vida de Jesús fue única. Su naturaleza fue única, Su carácter fue único, Su misión fue única y Su historia fue única, y no es de extrañar, sino más bien de esperar, que el final de una vida así también sea único.

Después de todo, esta objeción es simplemente el argumento de David Hume contra la posibilidad de una renovación de lo milagroso. Según este argumento, ninguna evidencia puede probar un milagro porque los milagros son contrarios a toda experiencia. Pero ¿son los milagros contrarios a toda experiencia? Empezar diciendo esto es plantear la cuestión misma. Puede que estén fuera de la experiencia de ustedes y de la mía, y puede que estén fuera de la experiencia de toda esta generación, pero su experiencia, la mía y la experiencia de toda esta generación no es toda experiencia.

Todo estudiante de geología y astronomía sabe que en el pasado han ocurrido cosas que escapan por completo a la experiencia de la generación actual. En los últimos cuatro años han ocurrido cosas que escapan por completo a la experiencia de los cincuenta años anteriores. La verdadera ciencia no parte de una hipótesis *a priori* de que ciertas cosas son imposibles. Simplemente estudia la evidencia para saber qué ha ocurrido realmente. No distorsiona los hechos observados para armonizarlos con teorías *a priori*, sino que busca que sus teorías armonicen con los hechos observados.

Decir que los milagros son imposibles y que, por lo tanto, ninguna evidencia puede probar un milagro es ser increíblemente poco científico. En los últimos años, en el ámbito de la química, por ejemplo, se han hecho descubrimientos sobre el radio que parecían contradecir todas las observaciones previas sobre los elementos químicos y las teorías químicas bien establecidas, pero el científico no ha dicho, por lo tanto, que estos descubrimientos sobre el radio no puedan ser ciertos. En cambio, se ha puesto a trabajar para descubrir dónde residía el problema en sus teorías anteriores. Los hechos observados y registrados en el caso que nos ocupa prueban que Jesús resucitó de entre los muertos, y la verdadera ciencia debe aceptar esa conclusión y conformar sus teorías a este hecho observado.

En la época del gran triunfo del deísmo en Inglaterra, dos de los hombres más brillantes en la negación de lo sobrenatural fueron las eminentes autoridades legales Gilbert West y Lord Lyttelton. Estos dos hombres, propuestos para aplastar a los defensores de lo sobrenatural en la Biblia, se reunieron. Uno de ellos le dijo al otro que sería difícil mantener su postura a menos que se deshicieran de dos de los supuestos baluartes del cristianismo: la supuesta resurrección de Jesús de entre los muertos y la supuesta conversión de Saulo de Tarso.

Lyttelton accedió a escribir un libro para demostrar que Saulo de Tarso nunca se convirtió, como se registra en los Hechos de los Apóstoles, sino que su supuesta conversión era un mito, si Gilbert West escribía otro libro para demostrar que la supuesta resurrección de Cristo era un mito. West le dijo a Lyttelton: "Tendré que confiar en ti para mis datos, pues no tengo un conocimiento profundo de la Biblia", a lo que Lyttelton respondió que contaba con West, pues él tampoco tenía un conocimiento profundo de la Biblia. Uno de ellos le dijo al otro: "Para ser honestos, al menos deberíamos estudiar las pruebas", y así lo hicieron.

Se reunieron en numerosas ocasiones mientras preparaban sus trabajos. En una de estas reuniones, West le dijo a Lyttelton que había tenido algo en mente durante algún tiempo y que creía que debía hablar con él al respecto: que, al estudiar las pruebas, estaba empezando a sentir que había algo de cierto en ellas. Lyttelton respondió que se alegraba de que hubiera hablado de ello de esa manera, pues él mismo estaba algo conmocionado, pues había estado estudiando las pruebas de la conversión de Saulo de Tarso.

Finalmente, cuando terminaron los libros, los dos hombres se encontraron.

—¿Has escrito tu libro? —West le preguntó a Lyttelton.

—Sí —respondió—. West, tras estudiar las pruebas y sopesarlas según las leyes reconocidas de la evidencia legal —añadió—, he llegado a la conclusión de que Saulo de Tarso se convirtió, como se afirma en los Hechos de los Apóstoles, y de que el cristianismo es verdadero, y he escrito mi libro en ese sentido. —El libro se puede encontrar hoy en día en bibliotecas de primera clase.

—Bueno —dijo West—, tras estudiar las pruebas de la resurrección de Jesucristo de entre los muertos y sopesarlas según las leyes reconocidas de la evidencia, he llegado a la conclusión de que Jesús realmente resucitó de entre los muertos, como se registra en los Evangelios, y he escrito mi libro en ese sentido. —Este libro también se puede encontrar en nuestras bibliotecas hoy.

Que cualquier persona con mentalidad legal, cualquiera

que esté acostumbrado y sea competente para evaluar las pruebas, sí, cualquiera con capacidad de razonamiento aceptable y, sobre todo, con total honestidad, se siente a estudiar los hechos relativos a la resurrección de Jesucristo, y quedará convencido de que, sin lugar a dudas, Jesús resucitó de entre los muertos, como se relata en los Evangelios. ¿Y si Jesús sí resucitó? ¿Qué sucedería entonces? Abordaremos esta cuestión en el próximo capítulo.

Capítulo 8

Lo que prueba la resurrección de Jesús

En nuestros últimos tres capítulos, hemos visto evidencia concluyente de que Jesucristo resucitó de entre los muertos. Hemos seguido varias líneas argumentativas independientes. Varias de ellas, tomadas por sí solas, prueban satisfactoriamente la resurrección, pero en conjunto constituyen un argumento que hace imposible dudar de la resurrección de Cristo para una mente honesta.

Sin embargo, ¿qué significa que resucitó? ¿Qué prueba Su resurrección? Prueba todo lo que más necesita ser probado. Prueba todo lo esencial del cristianismo.

En primer lugar, la resurrección de Cristo prueba que hay un Dios y que el Dios de la Biblia es el Dios verdadero. Todo efecto debe tener una causa adecuada y la única causa adecuada que explicará la resurrección de Jesucristo es Dios, el Dios de la Biblia.

Cuando Jesús estuvo en la tierra, proclamó que el Dios de la Biblia era el Dios de Abraham, Isaac y Jacob *(Mateo 22:32-34)*, el Dios del Antiguo Testamento y del Nuevo. Afirmó que después de ser condenado a muerte, el Dios de Abraham, Isaac y Jacob, el Dios de la Biblia, lo resucitaría al tercer día.

Esta era una afirmación asombrosa y humanamente absurda. Durante siglos, la gente había ido y venido. Habían vivido y muerto, y desde el punto de vista humano, ese era su fin. Sin embargo, Jesús afirmó que después de todos estos siglos de personas viviendo, muriendo y cayendo en el olvido, Dios, el Dios de la Biblia, lo resucitaría.

Jesús murió. Fue crucificado, murió y fue sepultado. Llegó la hora señalada en la que, según él, Dios lo resucitaría. Dios efectivamente lo resucitó y así la asombrosa afirmación de Jesús quedó corroborada. Quedó definitivamente demostrado que existe un Dios y que el Dios de la Biblia es el Dios verdadero.

Durante siglos, la gente ha buscado pruebas de la existencia y el carácter de Dios. Existe el argumento teleológico, el argumento basado en las marcas de la inteligencia creativa y el diseño en el universo material. Es un buen argumento en su lugar. Existe el argumento de la mano inteligente de Dios en la historia humana. Existe el argumento ontológico y otros argumentos, todos más o menos convincentes, pero la resurrección de Jesucristo nos proporciona una base científica sólida para nuestra fe en Dios.

A la luz de la resurrección, nuestra fe en Dios se basa en hechos observados. A la luz de la resurrección de Jesús, el ateísmo y el agnosticismo ya no tienen fundamento. Con razón Pedro dijo: *Por medio de Él sois creyentes en Dios, que le resucitó de entre los muertos y le dio gloria* (1 Pedro 1:21). Mi creencia en el Dios de la Biblia no es simplemente una imaginación encantadora. Es una fe firme que descansa sobre un hecho incontrovertiblemente firme.

En segundo lugar, la resurrección de Jesucristo de entre los muertos prueba que Jesús es un maestro enviado por Dios, que recibió Su mensaje, que era absolutamente inerrante y que hablaba las mismas palabras de Dios.

Esta fue la afirmación que Jesús hizo de Sí mismo. En Juan 7:16, dice: *Mi enseñanza no es mía, sino del que me envió*. En Juan 12:49, dice: *Porque no he hablado por mi propia cuenta, sino que el Padre mismo que me ha enviado me ha dado mandamiento sobre lo que he de decir y lo que he de hablar*. En Juan 14:10-11, dice: *¿No crees que yo estoy en el Padre, y el Padre en mí? Las palabras que yo os digo, no las hablo por mi propia cuenta, sino que el Padre que mora en mí es el que hace las obras. Creedme que yo estoy en el Padre, y el Padre en mí; y si no, creed por las obras mismas*. En Juan 14:24, dice: *La palabra que oís no es mía, sino del Padre que me envió*. Su afirmación era que Sus palabras eran las mismas palabras de Dios.

Esta también fue una afirmación sorprendente. Otros han hecho afirmaciones similares, pero la diferencia entre sus afirmaciones y las de Jesús radica en que Jesús corroboró Su afirmación, y nadie más ha corroborado la suya. Dios mismo selló inequívocamente esta asombrosa afirmación de Jesucristo al resucitarlo de entre los muertos. A la luz de la resurrección de Jesucristo, esa escuela de crítica que pretende cuestionar la absoluta inerrancia de Jesucristo como maestro y colocar su autoridad por encima de la de Jesús, carece por completo de fundamento. Es más, al presentar afirmaciones sin fundamento en contraposición a las afirmaciones demostradas de Jesucristo, se convierte en el hazmerreír de la gente reflexiva.

En tercer lugar, la resurrección de Jesucristo prueba que Él es el Hijo de Dios. El apóstol Pablo dice en Romanos 1:4 que *Jesús fue declarado Hijo de Dios con poder, conforme al Espíritu de santidad, por la resurrección de entre los muertos*, y cualquiera que se detenga a pensar verá que esto es una verdad indudable.

Cuando Jesús estuvo en la tierra, afirmó ser divino en un sentido en el que ningún otro hombre lo era. Enseñó que, si bien incluso los más grandes profetas de Dios eran solo siervos, Él era Hijo, Hijo único (Marcos 12:6, nótese el contexto). Afirmó que Él y el Padre eran uno (Juan 10:30). Dijo que todos debían honrarlo, así como honraban al Padre (Juan 5:23). Jesús afirmó que Dios moraba en Él de manera tan completa y plena, y que era una encarnación tan perfecta y absoluta de Dios, que quien lo había visto a Él, había visto al Padre (Juan 14:9).

Esta fue una afirmación asombrosa. Una afirmación que, si no fuera cierta, sería una blasfemia atroz. Jesús les dijo a las personas que lo condenarían a muerte por hacer esta afirmación, pero que después de que lo mataran, Dios mismo confirmaría la afirmación al resucitarlo de entre los muertos.

Sí lo condenaron a muerte por esta afirmación. La gente de aquella época, que no creía en la deidad de Jesucristo, lo clavó en la cruz del Calvario por afirmar su divinidad (Mateo 26:63-66). Sin embargo, cuando llegó la hora señalada, el aliento de Dios inundó el barro dormido y Dios mismo, como Jesús afirmó que haría, selló la afirmación de Cristo sobre Su propia deidad al resucitarlo de entre los muertos.

Así, Dios proclamó a todas las épocas, con una voz más clara que si hablara desde los cielos abiertos hoy: "Este es mi Hijo unigénito, en quien habito en toda Mi plenitud, de modo que quien lo ha visto a Él, ha visto al Padre". A la luz de la resurrección de Jesucristo de entre los muertos, el unitarismo carece por completo de fundamento lógico.

En cuarto lugar, la resurrección de Jesucristo de entre los muertos demuestra que se aproxima el día del juicio. En el Areópago, Pablo declaró: *Porque Él ha establecido un día en el cual juzgará al mundo en justicia, por medio de un Hombre a quien ha designado, habiendo presentado pruebas a todos los hombres al resucitarle de entre los muertos* (Hechos 17:31), haciendo así de la resurrección de Cristo la garantía dada por Dios del juicio venidero.

¿Cómo garantiza la resurrección de Cristo el juicio venidero? Cuando Jesús estuvo en la tierra, declaró que el Padre le había encomendado todo el juicio (Juan 5:22). Declaró además que llegaría la hora en que todos los que estuvieran en sus tumbas oirían Su voz y saldrían. Los que hubieran obrado el bien saldrían a la resurrección de vida, y los que hubieran obrado el mal a la resurrección de juicio (Juan 5:28-29).

La gente ridiculizó su afirmación, lo odió por ella y lo condenó a muerte por ella y por la otra afirmación que conllevaba, la de la deidad. Sin embargo, Dios selló la afirmación al resucitarlo de entre los muertos. La resurrección de Jesucristo, un hecho histórico absolutamente cierto en el pasado, apunta con inequívoca certeza a un juicio venidero absolutamente seguro en el futuro.

La creencia en un día de juicio venidero no es una mera suposición de teólogos. Es una fe firme fundada en un hecho comprobado. A la luz de la resurrección de Jesucristo, quien persiste en el pecado, halagándose con la esperanza de que no habrá un día de ajuste de cuentas ni de juicio futuro, es culpable de engaño. Jesús se sentará en el juicio y cada uno de nosotros deberá rendirle cuentas por las obras que realizó mientras estuvo en el cuerpo (2 Corintios 5:10).

En quinto lugar, la resurrección de Jesucristo de entre los muertos demuestra que todo creyente en Cristo es justificado de todo. Leemos en Romanos 4:25 que Jesús *fue entregado por causa de nuestras transgresiones y resucitado para nuestra justificación*. Más literalmente, *fue entregado debido a nuestras transgresiones* (es decir, porque habíamos transgredido) *y resucitado debido a nuestra justificación* (es decir, porque fuimos justificados).

La resurrección de Jesucristo demuestra decisivamente que quien cree en Él es justificado. Pero ¿cómo? Cuando Jesús estuvo en la tierra, dijo que ofrecería Su vida en rescate por muchos (Mateo 20:28). Llegó la hora y ofreció Su vida en la cruz del Calvario como rescate por nosotros. Ahora que la expiación se ha realizado, aún queda una pregunta: "¿Aceptará Dios la expiación que se ha ofrecido?".

Durante tres noches y tres días, esta pregunta permaneció sin respuesta. Jesús estaba en el sepulcro, frío y muerto. Llegó la hora largamente predicha, el aliento de Dios inundó ese barro dormido y Cristo resucitó triunfante de entre los muertos. Fue exaltado a la diestra del Padre y Dios proclamó a todo el universo: "He aceptado la expiación que Jesús hizo".

Cuando Jesús murió, murió como mi representante, y yo morí en Él. Cuando resucitó, resucitó como mi representante, y yo resucité en Él. Cuando ascendió a lo alto y tomó Su lugar a la diestra del Padre en gloria, ascendió como mi representante, y yo ascendí en Él. Hoy estoy sentado en Cristo con Dios en los lugares celestiales.

Miro la cruz de Cristo y sé que se ha hecho expiación por mis pecados. Miro el sepulcro abierto y al Señor resucitado y ascendido, y sé que la expiación ha sido aceptada. Ya no queda ni un solo pecado en mí, por muchos o grandes que hayan sido mis pecados. Mis pecados pueden haber sido tan altos como las montañas, pero a la luz de la resurrección, la expiación que los cubre es tan alta como el cielo. Mis pecados pudieron haber sido tan profundos como el océano, pero a la luz de la resurrección, la expiación que los absorbe es tan profunda como la eternidad. Escritura: *Por tanto, hermanos, sabed que por medio de Él os es anunciado el perdón de los pecados, y que de todas las cosas de que no pudisteis ser justificados (Hechos 13:38-39).*

En sexto lugar, la resurrección de Jesucristo de entre los muertos demuestra que todos los que están unidos a Cristo por una fe viva vivirán de nuevo. Pablo dice: *Si creemos que Jesús murió y resucitó, así también Dios traerá con Él a los que durmieron en Jesús* (1 Tesalonicenses 4:14). El creyente está tan unido a Cristo por una fe viva que, si Cristo resucitó, nosotros también debemos resucitar. Si la tumba no pudo retenerlo a Él, tampoco a nosotros.

Durante siglos, la gente ha buscado pruebas de la inmortalidad. Hemos tenido los sueños de poetas y las especulaciones de filósofos para animarnos con la esperanza de que volveremos a vivir, pero los mejores argumentos filosóficos solo apuntan a la probabilidad de una vida futura. En un asunto como este, el corazón humano anhela y exige algo más que probabilidad. En la resurrección de Jesucristo, obtenemos algo más que probabilidad. Obtenemos certeza absoluta. Obtenemos la demostración científica de la vida después de la muerte. La resurrección de Jesucristo retira la esperanza de la inmortalidad del ámbito de lo especulativo y lo probable, y la coloca en el ámbito de lo científicamente demostrado y cierto. Sabemos que hay vida después de la muerte.

Un predicador popular dijo recientemente: "No son

pocos los que no están del todo seguros de que exista vida después de la muerte. Desearían que se pudiera probar. Yo también. Pero no podemos hacer más que inferirla de la constitución moral del universo". Gracias a Dios que este predicador popular se equivoca. Antes de la resurrección de Jesucristo, quizás solo podíamos inferirlo de la constitución moral del universo, pero a la luz de la resurrección, ya no se trata de inferencias inciertas a partir de la constitución moral del universo; está probado. No se necesitan más pruebas.

Está científicamente demostrado, y para cualquiera que considere honestamente los hechos relativos a la resurrección de Cristo, la incredulidad o el agnosticismo respecto a la vida futura se vuelven imposibles. A la luz de la primera mañana de Pascua, salgo a los cementerios donde yacen las cenizas de padre y madre, hermano e hijo, y enjugo todas mis lágrimas, pues oigo al Padre decir: "Tu padre volverá a vivir. Tu madre volverá a vivir. Tu hermano volverá a vivir. Tu hijo volverá a vivir".

En séptimo lugar, la resurrección de Jesucristo de entre los muertos demuestra que es privilegio de los creyentes tener victoria constante sobre el pecado, día tras día, a cada hora. Estamos unidos no solo al Señor que murió, expiando así nuestros pecados y librándonos de la culpa del pecado, sino también al Señor que resucitó, *que vive perpetuamente para interceder por ellos* (Hebreos 7:25). Estamos unidos al Señor, quien tiene poder para salvarnos perpetuamente, poder para guardarnos de caer día tras día y poder para presentarnos *sin mancha en presencia de su gloria con gran alegría* (Judas 24).

Puedo ser débil, completamente débil, incapaz de resistir la tentación ni por una sola hora, pero Él es fuerte, infinitamente fuerte, y vive para brindarme ayuda y liberación cada día y a cada hora. La cuestión de la victoria sobre el pecado no es cuestión de mi debilidad, sino de Su fuerza. Su poder de resurrección siempre está a mi disposición. Él tiene todo el poder en el cielo y en la tierra, y lo que mi Señor resucitado tiene también me pertenece. A la luz de la resurrección de Jesucristo de entre los muertos, el fracaso en la vida diaria es innecesario e inexcusable. En Su vida y poder de resurrección, es nuestro privilegio y nuestro deber llevar vidas victoriosas.

Cuatro hombres subían una vez por la resbaladiza ladera del Matterhorn. Un guía y un turista, un segundo guía y un segundo turista, estaban atados con una cuerda. El turista de abajo perdió pie y se cayó por la borda. El repentino tirón de la cuerda arrastró al guía de abajo, y este al otro turista. Tres hombres quedaron entonces colgando sobre el vertiginoso acantilado. Sin embargo, el guía que iba a la cabeza, al sentir el primer tirón de la cuerda, clavó su pica en el hielo, se afianzó y se aferró con fuerza. Tres hombres colgaban sobre el terrible abismo, pero estaban a salvo porque estaban atados al hombre que se sujetó rápido. El primer turista recuperó su lugar en el sendero, el guía recuperó el suyo y el turista inferior recuperó el suyo, y así siguieron subiendo con seguridad.

Mientras la raza humana ascendía por los gélidos

precipicios de la vida, el primer Adán perdió pie y fue arrastrado al abismo. Arrastró al siguiente hombre tras él, y al siguiente, y al siguiente, y al siguiente, hasta que toda la raza quedó suspendida sobre el abismo. Sin embargo, el segundo Adán, Jesucristo, se mantuvo firme, y todos los que están unidos a Él por una fe viva, aunque se encuentren al borde del terrible precipicio, están a salvo, porque están unidos a Cristo.

Capítulo 9

Las causas de la incredulidad

La profesión de incredulidad es muy común en nuestros días. Constantemente me encuentro con quienes alegan que no creen en la Biblia como razón para no ser cristianos. Hay muchos predicadores, hombres excelentes y talentosos, que piensan que la incredulidad no merece atención, que la manera correcta de tratarla es ignorarla. No estoy de acuerdo con ellos. La incredulidad es lo suficientemente común, activa y destructiva como para exigir atención. Si bien no creo ni por un momento que la causa de Cristo o la Biblia tenga algo que temer de la incredulidad, sí sé que individuos y comunidades están siendo gravemente perjudicados por ella y les debemos exponer su verdadera naturaleza, señalar sus consecuencias y mostrar su remedio. Durante algunos años, no he tenido mayor gozo que poder guiar a muchas personas desde la confusión y la miseria de la incredulidad hacia la luz clara y el gozo abundante de una fe inteligente en Cristo y la Biblia.

Causas de la incredulidad

¿Cuáles son las causas de la incredulidad?
La primera causa, y una de las más comunes, es la tergiversación del cristianismo por parte de sus supuestos discípulos. Hay dos tipos de tergiversaciones: las doctrinales y las de la vida cotidiana.

Analicemos primero las doctrinales. Tomemos, por ejemplo, lo que se ha predicado como cristianismo durante generaciones en Francia, España, Italia, Filipinas, México y las repúblicas sudamericanas. Claro que sabemos que esto es solo una distorsión absoluta del cristianismo bíblico, pero la gente común de estos países lo desconoce. Suponen que el cristianismo predicado por los sacerdotes es el cristianismo bíblico. ¿Es de extrañar que lo rechacen y se vuelvan ateos declarados? Si lo que se predica como cristianismo fuera en realidad cristianismo, no puedo evitar pensar que yo también lo rechazaría.

Sin embargo, muchas de las llamadas representaciones protestantes del cristianismo, si bien no son tan falsas como lo son, siguen siendo falsas. Existe una gran diferencia entre el Dios de la Biblia y el Dios de gran parte de las llamadas enseñanzas protestantes, entre el Cristo de la Biblia y el Cristo de gran parte de las llamadas enseñanzas protestantes, y entre la vida cristiana tal como se expone en la Biblia y la ética que se expone desde el púlpito.

Las tergiversaciones más escandalosas del cristianismo por parte de sus supuestos discípulos son las que se dan en la vida diaria. La vida de muchos cristianos profesantes difiere tanto de la vida que enseña la Biblia que lleva a muchos observadores a la incredulidad absoluta.

Tomemos, por ejemplo, al cristiano profesante que oprime a sus empleados con sus salarios. ¿Cuántos empleadores que se declaran cristianos hay hoy en día que exprimen a sus empleados casi hasta el límite de sus fuerzas? ¿Es de extrañar que estos empleados digan que no les sirve el cristianismo? Fíjense en los que se declaran cristianos en los negocios y son deshonestos, tergiversan sus productos y emplean todo tipo de medios deshonestos para adelantarse a sus competidores. ¿Es de extrañar que quienes los observan se vean inducidos a abandonar ese cristianismo tan tergiversado?

En una ocasión, después de la boda de un joven empresario en Chicago, comencé a hablarle sobre hacerse cristiano. Me respondió: "No hace falta que me hable de eso. Trabajo para -----------------. Estos hombres son muy prominentes en la iglesia y sabemos cómo llevan sus negocios, ya que trabajamos para ellos. No tengo ningún deseo de ser cristiano".

Fíjense en el que se declara cristiano y acumula millones y vive en un lujo desmesurado mientras los pobres se mueren de hambre en su puerta. Quizás me digan que estas tergiversaciones del cristianismo no son excusa suficiente para la incredulidad, que la gente debería aprender a distinguir entre el cristianismo verdadero y su falsificación, y esto lo admito. Por supuesto, una persona verdaderamente inteligente nunca rechaza dinero bueno porque haya dinero falso en circulación, pero muchas personas no distinguen entre ambos.

No leen la Biblia por sí mismos y su única idea del cristianismo proviene de lo que ven en la vida y las enseñanzas de sus supuestos discípulos. Dicen: "Si eso es cristianismo, no lo quiero", y así se convierten en incrédulos. Uno de los incrédulos más conocidos de la época moderna afirmó que fue la vida inconsistente de su propio padre, un predicador bautista, lo que lo llevó a la incredulidad.

No puedo decir si la imagen que tenía del carácter de su padre era verdadera o no, o si para defender su propia incredulidad tergiversó enormemente a su propio padre (como he oído decir que hizo), pero sí sé sin lugar a dudas que, en muchos casos, las inconsistencias de padres que se declaran cristianos han llevado a sus hijos a la incredulidad absoluta. La tergiversación del cristianismo por parte de sus supuestos discípulos en sus enseñanzas, y especialmente en sus vidas, ha contribuido más a producir ateos que todos los escritos y discursos que todos los Paines, Voltaires e Ingersolls dieron al mundo.

La segunda causa de la incredulidad es la ignorancia: ignorancia de lo que la Biblia contiene y enseña, ignorancia de la historia y de la verdadera ciencia. El incrédulo promedio no sabe casi nada sobre la Biblia. Ha oído hablar de algunas dificultades aquí y allá en los escritos o discursos de otros ateos, pero prácticamente no sabe nada sobre el contenido real de la Biblia.

Una vez le pregunté a un hombre si se haría cristiano. Respondió:

—No, no creo en la Biblia.

—¿Por qué no crees en la Biblia?

—Porque la Biblia está llena de contradicciones.

—Bueno —dije—, si la Biblia está llena de contradicciones, por favor, muéstrame una.

—Está llena de ellas.

—Si está llena de ellas, deberías poder mostrarme al menos una.

—Bueno, está llena de ellas.

—Entonces muéstrame una.

—Bueno, está en el libro de los Salmos.

Le di mi Biblia para que la encontrara y empezó a buscar los Salmos en la parte final del Nuevo Testamento.

—Déjame encontrarte el libro de los Salmos —le dije. Después de encontrarlo, empezó a revisarlo a tientas un rato.

—Si tuviera mi Biblia aquí, podría enseñártela —dijo.

—¿Traerías tu Biblia esta noche y nos vemos aquí al final de la reunión?

Me prometió que lo haría. Llegó la hora acordada y yo estaba en el lugar, pero mi amigo incrédulo no apareció. Había tomado la precaución de preguntarle su dirección y fui a la que me había dado. Era una taberna, pero no encontré al hombre. Meses después, después de una de nuestras reuniones, uno de mis estudiantes me llamó y me dijo: "Ven aquí. Aquí hay un hombre que dice que la Biblia está llena de contradicciones".

Me acerqué y era el mismo hombre. Evidentemente, pensó que no lo reconocería, pero sí, y le dije:

—Tú eres el hombre que me mintió.

—Sí —respondió, bajando la cabeza.

Otro joven infiel inteligente me dijo una vez: "No creo en la Biblia". Le pregunté por qué. Me respondió: "No creo en ese pasaje donde Cristo hace descender fuego del cielo para destruir a sus enemigos". Cuando le aseguré que no existía tal pasaje en la Biblia, no me creyó.

Un infiel en Edimburgo me pidió que le explicara el pasaje que dice: "Caín fue a la tierra de Nod y tomó esposa". Cuando le dije que eso no lo dice la Biblia, me ofreció apostar cien libras a que sí.

El coronel Ingersoll, el sumo sacerdote de la incredulidad más superficial y barata de la época, es un ejemplo de esta ignorancia de la Biblia. En una de sus conferencias, dijo: "No hay un solo sentimiento bondadoso y amoroso atribuido a Cristo que no haya sido expresado por Buda al menos quinientos años antes del nacimiento de Cristo".

Me gustaría saber dónde encuentra alguna expresión de Buda similar a Juan 13:34: *Un mandamiento nuevo os doy: que os améis los unos a los otros; como yo os he amado, así también os améis los unos a los otros.* O Juan 15:12-13: *Este es mi mandamiento: que os améis los unos a los otros, así como yo os he amado. Nadie tiene un amor mayor que este: que uno dé su vida por sus amigos.* O Mateo 20:28: *Así como el Hijo del Hombre no vino para ser servido, sino para servir, y para dar su vida en rescate por muchos.*

En otro lugar, el coronel Ingersoll dijo: "Si Cristo vivió alguna vez en la tierra, fue un infiel en su época".

Me gustaría saber qué hace el coronel Ingersoll con declaraciones como la de Juan 10:35: *La Escritura no se puede violar*, o Mateo 5:18: *Hasta que pasen el cielo y la tierra, no se perderá ni la letra más pequeña ni una tilde de la ley hasta que todo se cumpla*. O Marcos 7:13, donde, hablando de la ley de Moisés, la llama la Palabra de Dios. O Lucas 24:27, 44: *Y comenzando por Moisés y continuando con todos los profetas, les explicó lo referente a Él en todas las Escrituras... Y les dijo: Esto es lo que yo os decía cuando todavía estaba con vosotros: que era necesario que se cumpliera todo lo que sobre mí está escrito en la ley de Moisés, en los profetas y en los salmos*. Si esto es incredulidad, entonces soy un incrédulo. Sin embargo, toda persona inteligente sabe que no es incredulidad, sino que el coronel Ingersoll simplemente hacía alarde de su ignorancia al pronunciar su declaración.

Hace algunos años, uno de los líderes de la incredulidad inglesa, en un artículo publicado en una revista secularista, se refirió a Mateo como un "distribuidor de licores". Sabía tan poco de la Biblia que supuso que la palabra "publicano" usada para Mateo en la Biblia significaba "publicano" en el sentido de tabernero [N. de T: "publican" en inglés británico]. El hombre que probablemente sea el defensor más prominente de la incredulidad materialista entre los alemanes es tan ignorante de las discusiones históricas sobre la doctrina cristiana que habla del nacimiento virginal de nuestro Señor como "la inmaculada concepción", y uno de los defensores más prominentes de la incredulidad en Inglaterra hace lo mismo.

La tercera causa de la incredulidad es la vanidad. Muchas personas se declaran incrédulas porque encuentran cosas en la Biblia que no pueden entender y porque hay aparentes contradicciones que no pueden conciliar.

Decir que algo no puede ser verdad porque no lo entiendo, pensar que Dios no podría decir nada que esté más allá de mi entendimiento, es la máxima arrogancia. Es asumir que lo sé todo, que sé tanto como Dios y que, por lo tanto, Dios no podría decir nada que yo no pudiera entender.

Pensar que no se puede encontrar solución a una dificultad porque yo no la encuentro es pensar que lo sé todo y que mi mente es infinita. Es creer que soy Dios. Supongamos que saco a mi hijo pequeño al atardecer y le digo:

—¿Ves el sol allá?

—Sí.

—Bueno, hijo mío, ese sol está a más de noventa y dos millones de millas de distancia.

Supongamos entonces que el niño, con su sabiduría madura de nueve años, me mira a la cara y dice:

—Padre, sé que eso no es cierto. El sol está justo allá, detrás del granero.

¿Sería esto una revelación de su sabiduría o de su ignorancia y engreimiento? El filósofo más anciano y sabio, comparado con el Infinito, es menos que un niño comparado con el más sabio de los hombres.

Que cuestionemos las afirmaciones de nuestro Padre porque nos parecen falsas no nos revela como filósofos dignos de admiración y aplauso, sino como niños necios que deberían ser enviados a la cama. Si encontramos dificultades en la Biblia que no podemos explicar, un poco de modestia por nuestra parte nos llevaría a decir: "Si supiera un poco más, podría explicar fácilmente esta dificultad", en lugar de decir: "Este Libro que contiene una dificultad que no puedo explicar, seguramente no puede ser de Dios".

Cuando estaba en Birmingham, un hombre que hacía alarde de su incredulidad citando a varios infieles en el encabezado de su carta me escribió diciendo que la Biblia no podía ser la Palabra de Dios porque estaba llena de contradicciones. Dijo que podía enviarme cientos de ellas, pero que una o dos serían suficientes, ya que no tenían respuesta. Las dificultades que me envió eran muy fáciles de explicar y le escribí la solución. En lugar de desanimarse por la convicción de que sus dificultades eran irresolubles, escribió que lamentaba haber elegido ejemplos tan malos antes, pero que ahora me enviaría más. Estos eran igual de fáciles de explicar, pero esto no parecía sugerirle que sus otras dificultades, aparentemente insolubles, serían tan fáciles de entender como estas, si tan solo supiera un poco más.

La cuarta causa de la incredulidad es el pecado. Esta es la causa más común y fundamental de la incredulidad. El pecado causa incredulidad de dos maneras. Primero, las personas pecan y luego se entregan a la incredulidad para encontrar consuelo en su pecado. No hay libro que incomode tanto a las personas en el pecado como la Biblia. Intentar convencerse de que la Biblia no es verdadera les da cierto consuelo en su búsqueda del pecado.

La gente dice que tiene muchas objeciones a la Biblia, pero para la gran mayoría de estas personas, su mayor objeción a la Biblia, si se confiesan la verdad a sí mismos y a los demás, es que condena su pecado y los incomoda en su pecado.

En segundo lugar, el pecado ciega los ojos de las personas a la verdad de la Biblia y la hace parecer una tontería. No hay nada que ciegue la mente a la verdad como el pecado. Una vez me llamaron para tratar con un incrédulo. Me senté y me dijo que la razón por la que no podía ser cristiano era una dificultad que tenía con la Biblia. Le pregunté cuál era su dificultad. Respondió que no entendía de dónde Caín obtuvo su esposa.

—¿Vendrás a Cristo si te digo de dónde Caín obtuvo su esposa? —le pregunté.

—Oh —dijo—, no te lo prometo.

—Pero —dije—, si esa es tu dificultad que te impide venir a Cristo, y si eres un hombre honesto y yo elimino esa dificultad, vendrás a Cristo.

—No, no te lo prometo.

Entonces fui a la raíz del asunto. Descubrí que su verdadera dificultad no tenía que ver con la esposa de Caín, sino con la esposa de otro hombre. Es sorprendente la frecuencia con la que los jóvenes que caen en pecado y en un estilo de vida descuidado también caen en la incredulidad. Al conversar con jóvenes que no creen en la Biblia, he descubierto que hay dos pecados específicos que son la causa más común de la incredulidad.

Mi antiguo colega, el profesor W. W. White, estaba

hablando en Chicago sobre los "errores de Ingersoll". Al final de la conferencia, un hombre apuesto se le acercó.

—Profesor White, no tiene derecho a decir lo que ha dicho hoy. Usted es cristiano y yo no soy creyente. Tengo tanto derecho a mi opinión como usted a la suya.

—¿Es su vida pura? —el profesor White le hizo entonces la pregunta directa.

—Eso no es asunto suyo. Mi vida es tan pura como la suya —respondió, y entonces el profesor White le preguntó su nombre—. Eso no es asunto suyo —volvió a decir.

—Pero —dijo el profesor White—, quiero consultar su historial.

El hombre se negó a dárselo y empezó a retractarse. Sin embargo, algunos en el grupo que se reunió a su alrededor conocían el nombre del hombre y se lo dieron al profesor White. Dos años después, ese hombre fue encontrado muerto en un hotel de Boston, junto a una joven que no era su esposa, a quien había inducido a la incredulidad y que lo había acompañado a dar una conferencia sobre la incredulidad. Fueron encontrados muertos juntos en ese hotel de Boston con el gas abierto.

Esta declaración puede enfadar a algunos, pero examinen sus propios corazones y vidas y vean si no hay algún pecado en la raíz de su incredulidad. No digo que toda la incredulidad provenga del pecado, pero tras una larga y cuidadosa observación, sí afirmo que gran parte de la incredulidad actual tiene al pecado como causa última.

La quinta causa de la incredulidad es la resistencia

al Espíritu Santo. Esta es una causa muy común. El Espíritu de Dios se mueve en los corazones de hombres y mujeres, inclinándolos a aceptar a Cristo, pero no se someten al Espíritu de Dios. Se resisten al Espíritu Santo, la luz que Él da al alma se oscurece y caen en el escepticismo o la incredulidad.

Durante uno de mis pastorados, había un abogado de excelentes habilidades que era un acérrimo opositor del cristianismo. Hizo todo lo posible por oponerse trayendo a conferenciantes ateos a la ciudad. Investigué su pasado. Descubrí que, en la misma iglesia en que era pastor, hubo un momento en que él estaba bajo convicción de pecado. Dudaba si abandonaría el mundo y aceptaría a Cristo. Cuando se le insistió al respecto, respondió: "No, no puedo ser cristiano y tener éxito en mi negocio, y debo mantener a mi familia".

La luz que amanecía en su alma se apagó y la oscuridad y la incredulidad se apoderaron de él, ejerciendo una influencia tan destructiva en su vida que perdió la confianza de sus compañeros. Perdió su bufete de abogados y lo último que supe es que su esposa daba clases en la escuela para ayudar a mantener a la familia mientras él hacía cualquier trabajo esporádico que pudiera encontrar.

En una de nuestras universidades occidentales, hubo un resurgimiento religioso. Dos jóvenes de la universidad se opusieron. Estaban decididos a no ceder. Acordaron reunirse cierta noche para ir a la capilla y blasfemar contra el Espíritu Santo. Se reunieron a la hora señalada, pero a uno de los jóvenes le falló el corazón y más tarde se convirtió. El otro entró solo en la capilla de la universidad. Nadie sabe qué hizo allí, pero salió pálido como una sábana. Cayó en la incredulidad y se convirtió en líder de una de las sociedades seculares de una de nuestras grandes ciudades.

¡Oh, hombres y mujeres que se resisten al Espíritu Santo! Si los vemos dentro de cinco años, lo más probable es que los encontremos ateos, y si los vemos dentro de diez, con toda probabilidad los encontraremos alcohólicos. En Melbourne, más de una persona vino a mí, destrozada moralmente, diciendo que su caída se debía a la influencia del conocido ateo de ese lugar.

Capítulo 10

Las consecuencias y la cura de la incredulidad

En el capítulo anterior, vimos que las causas de la incredulidad eran (1) las tergiversaciones del cristianismo por parte de sus supuestos seguidores, (2) la ignorancia de la Biblia, la historia y la ciencia, (3) la vanidad, (4) el pecado y (5) la resistencia al Espíritu Santo. Ahora, analizaremos las consecuencias y la cura de la incredulidad.

Consecuencias de la incredulidad

La primera consecuencia de la incredulidad es el pecado. La incredulidad engendra pecado. De eso no hay duda. Es causada por el pecado y, a su vez, produce una descendencia similar a sus antepasados. El pecado entró por primera vez en la historia humana al cuestionar la Palabra de Dios. Cuando el diablo intentó inducir a Eva a desobedecer a Dios, comenzó insinuando que la Palabra de Dios no era verdadera. Primero dijo: *¿Conque Dios ha dicho...?* (Génesis 3:1), y luego negó rotundamente lo que Dios dijo.

El diablo fue el primer predicador de la incredulidad. Solo tuvo una persona en su audiencia, pero llegó a millones con ese discurso. Él vio de inmediato la efectividad de este modo de ataque contra nosotros y contra la integridad moral del hombre. Desde entonces, el diablo ha estado engañando a la gente para que peque sembrando la incredulidad en sus corazones. Él sabe bien qué clase de cosecha produce esa semilla. Cuando un joven o una joven caen en la incredulidad, cuiden su moral. La incredulidad forma una base muy frágil para un carácter recto.

Un expresidente de la Sociedad Secular Nacional Británica, un hombre muy conocido aquí en Bolton, quien de hecho fue elegido al Parlamento por el distrito de Bolton, dijo: "He visto los terribles efectos que la incredulidad produce en el carácter de las personas. He tenido pruebas de sus efectos degradantes en mi propia experiencia. Su tendencia es a la degradación total". Ocupando el cargo que ocupó, Joseph Barker ciertamente conocía la incredulidad y sus consecuencias, y este testimonio suyo sobre sus efectos destructivos en el carácter es indudablemente cierto.

La segunda consecuencia de la incredulidad es la anarquía. Los anarquistas son necesariamente siempre incrédulos. Es imposible que alguien que cree en la Biblia sea anarquista. Cuando el miserable vagabundo francés y anarquista Vaillant fue condenado a la horca, se jactó de su incredulidad. Su incredulidad y su anarquía iban de la mano. Se dice que Louis Blanc, uno de los grandes líderes de la anarquía, dijo: "Cuando era un bebé, me rebelé contra mi niñera. Cuando era niño, me rebelé contra mis tutores y mis padres. Cuando era hombre, me rebelé contra el gobierno. Cuando muera, si hay un cielo y voy allí, me rebelaré contra Dios".

Por un lado, la aceptación del cristianismo acabaría con la anarquía, y por otro, con la opresión de los pobres por los ricos que conduce a la anarquía.

La tercera consecuencia de la incredulidad es la miseria y la desesperación. Dios nos creó para la plenitud del gozo y la ha hecho posible para cada uno de nosotros. Sin embargo, la plenitud del gozo que Dios quiere para nosotros, y que solo puede satisfacer a un alma hecha a su imagen, solo puede provenir de una fe viva en Jesús como Hijo de Dios y en la Biblia como Palabra de Dios.

Los infieles nunca son completamente felices. Puede haber una felicidad superficial, pero no es, como todos los que los conocen bien saben, profunda ni satisfactoria. Una noche, al terminar un sermón en un pueblo de Nueva Zelanda, un hombre de mediana edad se acercó a la plataforma mientras salía del edificio. Me miró, frunció el ceño y dijo:

—Soy un incrédulo.

—No hace falta que nos lo diga; su rostro lo demuestra. Eres uno de los hombres con el aspecto más miserable que he visto —le respondí. Recibí una carta suya al día siguiente, confesando que realmente se sentía miserable.

¿Conocieron alguna vez a un anciano ateo alegre? Por muy alegre que parezca, al menos cuando está rodeado de gente, ¿vieron alguna vez en él esa alegría profunda, continua y desbordante que caracteriza al cristiano anciano?

El día del fallecimiento de un conocido ateo estadounidense, yo estaba con un amigo suyo y nos pusimos a hablar de él. Me dijo: "Últimamente, cada vez que lo he ido a ver, su esposa me ha dicho: 'No le digas que está envejeciendo. Le da mucha rabia'". Sin embargo, al cristiano anciano no le enoja que le digan que está envejeciendo, pues sabe que simplemente está madurando para un mundo mejor.

La incredulidad y el ateísmo a menudo engendran desesperación y suicidio. Incluso los mejores escritores paganos enseñaron la conveniencia del suicidio. Por ejemplo, Epicteto dice: "La puerta está abierta. Cuando quieras, puedes dejar de jugar el juego de la vida". La Sra. Amelia E. Barr, quien ha realizado un estudio sobre el suicidio, afirma: "La llegada del cristianismo convirtió la autodestrucción en un delito". Añade que el resurgimiento de la incredulidad en Francia durante la Revolución provocó la abolición de las leyes civiles y religiosas contra el suicidio. Dice, además: "La gran causa subyacente del avance del suicidio moderno es el avance de las perspectivas religiosas laxas o escépticas".

La incredulidad conduce lógicamente al pesimismo y la desesperación. El propio Ingersoll escribió un editorial en un periódico neoyorquino en defensa del suicidio. Este editorial fue seguido en Nueva York y sus alrededores por una oleada de suicidios. El hombre que escribió el editorial fue directamente responsable de sus consecuencias y no es de extrañar que el editorial provocara una tormenta de protestas e indignación, pero su artículo fue el resultado lógico de su incredulidad.

Una joven pobre pero brillante, procedente de un estado del sur, llegó a Chicago durante la Feria Mundial. Sus dotes intelectuales eran tan grandes que la incorporaron a la sociedad más prestigiosa, donde habló sobre la "nueva mujer". Un hábil defensor de la incredulidad en Chicago la condujo a la incredulidad, pero su carrera como atea fue breve. Pronto se suicidó en una ciudad del este y una rama de los incrédulos de Estados Unidos se reúne anualmente junto a su tumba para conmemorar su muerte. Su padre, con el corazón roto, también murió por su propia mano. Lamentablemente, este es el verdadero fruto de la incredulidad.

La cuarta consecuencia de la incredulidad es una tumba sin esperanza. El coronel Ingersoll dijo una vez: "El púlpito ha proyectado una sombra sobre la cuna y una sombra sobre la tumba". Si esto es cierto, es un hecho sumamente notable que la gente, incluso quienes se declaran incrédulos, esté tan ansiosa por que predicadores cristianos oficien sus funerales.

Hay una sombra sobre la tumba por naturaleza y por el pecado, pero la Biblia disipa la sombra. Si desechas la Biblia, no te deshaces de la oscuridad, pero sí de la luz que la ilumina. La incredulidad envuelve la tumba en oscuridad y los únicos rayos de luz son los robados al cristianismo.

El coronel Ingersoll, ante la tumba de su hermano, pronunció un discurso elocuente en palabras, pero de una tristeza indescriptible. Al acercarse el final de ese discurso, dijo que la esperanza ve el brillo de una estrella en la oscuridad, pero no fue lo suficientemente honesto como para decir que esa estrella era la Estrella de Belén.

Por otro lado, D. L. Moody, ante la tumba de su hermano, expresó una nota de alegría y júbilo. Mirando hacia la tumba, citó 1 Corintios 15:55-57: *¿Dónde está, oh muerte, tu victoria? ¿Dónde, oh sepulcro, tu aguijón? El aguijón de la muerte es el pecado, y el poder del pecado es la ley; pero a Dios gracias, que nos da la victoria por medio de nuestro Señor Jesucristo.*

Dos hombres murieron ese mismo año en Estados Unidos: el coronel Ingersoll, reconocido líder de la incredulidad estadounidense, y D. L. Moody, líder de la actividad cristiana. Comparen las muertes y los funerales de estos dos hombres y vean por sí mismos si la muerte del cristiano o la del agnóstico es la más triste.

La muerte del coronel Ingersoll fue repentina, y sin un rayo de alegría ni resplandor, su funeral fue indescriptiblemente deprimente. Su esposa e hija, que lo amaban, no quisieron que sacaran el cuerpo de la casa hasta que el inicio de la descomposición lo convirtió en una necesidad absoluta. Era todo lo que tenían y se aferraban desesperadamente a ese cuerpo en descomposición. La escena en el crematorio, tal como la describían los diarios, era suficiente para conmover a cualquiera, por poco que uno compartiera las ideas del desafortunado hombre que había pasado a la eternidad.

Por otro lado, la muerte y el funeral del Sr. Moody fueron triunfales en cada detalle. Temprano en la mañana de su partida de este mundo, su hijo mayor estaba sentado junto a su cama. Oyó a su padre hablar en voz baja y se inclinó para escuchar. Estas fueron las palabras que oyó:

—La tierra se aleja. El Cielo se abre. Dios llama.

—Estás soñando, padre —dijo el hijo.

—No, Will, esto no es un sueño. He estado dentro de las puertas. He visto las caras de los niños.

Llamaron a la familia. El Sr. Moody se recuperó. Un rato después, empezó a decaer de nuevo, y se le oyó decir:

—¿Es esto la muerte? Esto no es malo. No hay valle. Esto es felicidad. Esto es glorioso.

—Padre —dijo su hija—, no debes dejarnos. No podemos prescindir de ti.

El moribundo respondió:

—No voy a desperdiciar mi vida. Si Dios tiene más trabajo para mí, me recuperaré y lo haré; pero si Dios me llama, debo levantarme y marcharme.

Se recuperó. Recuperó la fuerza suficiente para levantarse de la cama y caminar hasta la ventana. Se sentó en una silla y habló con su familia. Empezó a pensar que se recuperaría y estaba considerando llamar a su pastor para que orara por su recuperación. Entonces, comenzando a hundirse de nuevo, les pidió que lo ayudaran a volver a la cama. Mientras se hundía, su hija se arrodilló junto a la cama y comenzó a orar por su recuperación, pero él dijo: "No, no, Emma, no ores por eso. Dios está llamando. Este es el día de mi coronación. Lo he esperado con ansias", y el heroico guerrero fue llevado a la presencia del Rey.

En el funeral, todo fue triunfal. Su hijo me dijo antes del servicio: "Recuerde que no debe haber tristeza en el servicio. Hoy solo deseamos triunfo". El cuerpo fue llevado a la iglesia por estudiantes de una de las escuelas que él había fundado. Yacía en un ataúd abierto frente al púlpito. Justo frente a él, con el rostro descubierto, estaban sentados su esposa, su hija y sus hijos, escuchando con rostros serenos las palabras que se pronunciaban y uniéndose a los himnos de alegría, alabanza y victoria. Cuando los demás terminaron de hablar, el hijo mayor se levantó y con alegría dio testimonio de su padre y del poder de su fe.

¿Es el cristianismo el que ensombrece la tumba? ¿Es la tumba del cristiano la sombría y la del incrédulo la luminosa? ¿Quién ha oído hablar de un cristiano que se arrepienta en su lecho de muerte de haber sido cristiano? Sin embargo, no es raro que los incrédulos se arrepientan en su lecho de muerte de haber sido incrédulos.

La quinta consecuencia de la incredulidad es la ruina eterna. Se nos dice en Marcos 16:16: *El que crea y sea bautizado será salvo; pero el que no crea será condenado.* Se nos dice en Juan 3:36: *El que cree en el Hijo tiene vida eterna; pero el que no obedece al Hijo no verá la vida, sino que la ira de Dios permanece sobre él.*

Todos hemos pecado y la única manera de encontrar perdón es aceptando al que cargó con el pecado, a quien Dios ha provisto. Si preferimos ser incrédulos y rechazarlo, no tenemos esperanza. Jesús es el único Salvador que ha demostrado ser capaz de salvar a las personas del poder del pecado aquí, así que podemos estar seguros de que Él es el único que demostrará ser capaz de salvar a las personas de las consecuencias del pecado en el más allá.

Sin embargo, hay muchas personas que no se

consideran incrédulas, que no lo son en teoría, sino en la práctica. Todos los que rechazan a Cristo son en realidad incrédulos y estarán perdidos. Cuando Ethan Allen, un valiente soldado pero un ateo empedernido, se encontraba junto al lecho de muerte de su hija, ella se volvió hacia él y le preguntó si debía aceptar su incredulidad o la fe de su madre, y el hombre, humillado, le aconsejó que aceptara la fe de su madre en ese momento difícil.

La cura para la incredulidad

Llegamos ahora a la cura para la incredulidad.

La gran cura para la incredulidad es la vida cristiana de quienes profesan ser cristianos. No hay argumentos para un cristianismo como el de una vida cristiana. Muchos escépticos e incrédulos han sido conquistados por la vida de alguien que no solo creía intelectualmente en Cristo, sino que vivía como Él en su vida diaria.

Mientras Robert McAll yacía muerto en su ataúd en París, un obrero parisino, exanarquista, lloraba junto a él. Le preguntaron al hombre que lloraba:

—¿Es usted pariente?

—No.

—¿Por qué llora entonces?

—Me salvó.

—¿Qué dijo?

—No dijo nada —respondió el exanarquista—. Fue su rostro.

El carácter cristiano, que brillaba en un rostro cristiano, había salvado a este hombre.

Una vez me pidieron que visitara a una mujer incrédula de brillantes dones. Ella dijo: "Hay algo que no puedo entender: la vida de mi padre". Poco después, por el poder de la verdad, ejemplificada en la vida de su padre, la mujer realizó un estudio más profundo de la Biblia y se declaró abiertamente seguidora de Jesucristo.

En segundo lugar, la cura para la incredulidad es una voluntad entregada por parte del incrédulo. Jesús dice: *Si alguien quiere hacer su voluntad [de Dios], sabrá si mi enseñanza es de Dios o si hablo de mí mismo* (Juan 7:17). Cualquiera que padezca el escepticismo puede encontrar remedio si sigue esta sencilla instrucción.

Nada aclara tanto la visión espiritual como una voluntad entregada. Mediante el simple acto de entregar la voluntad a Dios, muchas personas han disipado la neblina de la incredulidad en un instante. Cuando estaba en Nueva Zelanda, un viajante de comercio conocido y culto se me acercó y me dijo:

—Mis amigos quieren que hable contigo. Soy agnóstico, pero sé que no puedes ayudarme.

Le dije que creía que sí podía, pero él estaba seguro de que no.

—¿En qué crees? —le pregunté.

—No sé si creo en algo.

—¿No crees que hay una diferencia absoluta entre el bien y el mal?

—Sí, creo.

—¿Te mantendrás firme en tu derecho de seguirlo adonde sea que te lleve?

—Creo que lo estoy haciendo ahora.

—¿Definitivamente, aquí hoy, te mantendrás firme en tu derecho de seguirlo adonde sea que te lleve, cueste lo que cueste?

—Lo haré —dijo.

—¿Sabes que Dios no responde a las oraciones?

—No, no sé si Dios no responde a las oraciones.

—Bueno, aquí tienes una posible pista para el conocimiento. ¿La seguirás? ¿Harás esta oración: "Oh Dios, si hay algún Dios, muéstrame si Jesucristo es tu Hijo, y si me lo demuestras, prometo aceptarlo como mi Salvador y confesarlo ante el mundo"?

—Sí —dijo—. Lo haré, pero no servirá de nada.

—Juan nos dice en Juan 20:31: *Pero estas se han escrito para que creáis que Jesús es el Cristo, el Hijo de Dios; y para que al creer, tengáis vida en Su nombre.* ¿Tomarías el Evangelio de Juan y lo leerías? Léelo con cuidado, despacio y con atención. No intentes creerlo ni descreerlo, simplemente disponte a convencerte de la verdad. Antes de leer, arrodíllate y pídele a Dios que te muestre qué verdad puede haber en los versículos que estás a punto de leer y prométele que te mantendrás firme en lo que Él te muestre como verdad.

Dijo que también lo haría. Luego se fue, asegurándome que no pasaría nada. Unas semanas después, en Dunedin, la esposa de este hombre vino a mí y me dijo: "He recibido una carta de mi esposo que no entiendo. Me dijo que podía mostrártela". En la carta, decía que creía haberse convertido, pero que aún no estaba completamente seguro. Escribió que ella podía mostrarme esta carta a mí y al pastor, pero no a nadie más hasta que estuviera completamente seguro de su postura. Después, se declaró plenamente creyente en la Biblia y en Cristo.

La tercera parte de la cura para la incredulidad es el estudio de la Palabra de Dios. No es necesario estudiar libros sobre la evidencia del cristianismo, pues la Biblia es su mejor prueba. Que cualquiera que busque honestamente la verdad, cualquiera que sinceramente desee conocerla y esté dispuesto a obedecerla cueste lo que cueste, estudie la Biblia con seriedad y pronto se convencerá de que es la Palabra de Dios.

En mi primer pastorado, había un miembro de mi iglesia que tenía un hermano que daba conferencias sobre temas científicos, pero era incrédulo. A veces, daba conferencias sobre las contradicciones entre la ciencia y la Biblia. El miembro de la iglesia vino a mí y me pidió que orara por su hermano para que se convirtiera. Acepté hacerlo. Un tiempo después, vino a mí y me dijo que su hermano le había escrito una carta diciéndole que se había convertido al cristianismo. En esta carta, le explicó el motivo de su conversión: "Recientemente he estado estudiando la Biblia y estoy convencido de que es la Palabra de Dios". Habría sido bueno que hubiera estudiado la Biblia antes de dar una conferencia sobre ella y las supuestas contradicciones entre ella y la ciencia.

En otro de mis pastorados, tenía un amigo que vivía enfrente y era agnóstico. Aunque él era agnóstico y yo ministro cristiano, éramos buenos amigos, pues creo que un cristiano y un ministro cristiano deben conocer a todo tipo de personas. No creo en absoluto en la división de la sociedad en hombres, mujeres y ministros. Creo que un ministro debe ser un hombre entre hombres. ¿Cómo podemos esperar influir en los hombres si no nos codeamos con ellos?

Nuestro Maestro no se consideraba demasiado bueno para asociarse con personas de todo tipo y condición, incluso con las más depravadas y marginadas. ¿Somos mejores que nuestro Maestro? Leí en la Biblia que los cristianos son la sal de la tierra. ¿Cómo podemos esperar que la sal ejerza su influencia conservante sobre la carne si ponemos toda la sal en un barril y la carne en otro?

Este hombre y yo éramos buenos amigos. Nos reuníamos a menudo y hablábamos. Una noche estábamos juntos en su jardín delantero, mientras el sol se ponía, cuando de repente dijo:

—Señor Torrey, tengo sesenta y seis años. No puedo vivir muchos más. No tengo a quién dejarle mi dinero y no puedo llevármelo conmigo. Daría hasta el último centavo si pudiera creer como usted.

—Es muy fácil. Puedo explicarte cómo —respondí.

Entramos en la casa y le pedí a su esposa una hoja de papel. Escribí en ella lo siguiente: "Creo que hay una diferencia absoluta entre el bien y el mal (no dije que creyera en la existencia de Dios, pues este hombre era agnóstico; ni afirmaba ni negaba la existencia de Dios y hay que empezar por donde está el hombre) y por la presente me defiendo del derecho a seguirla adonde me lleve. Prometo hacer una búsqueda honesta para descubrir si Jesucristo es el Hijo de Dios, y si descubro que lo es, prometo aceptarlo como mi Salvador y confesarlo como tal ante el mundo".

Después de escribir esto, se lo entregué a mi amigo y le pregunté:

—¿Firmarías eso?

—Cualquiera debería estar dispuesto a firmar eso. Solo me pides que acepte hacer lo que mi conciencia me dicta. Cualquiera debería estar dispuesto a firmar eso —respondió.

—¿Lo firmarás? —pregunté.

—Cualquiera debería estar dispuesto a firmar eso —respondió con más seriedad.

—¿Lo firmarás? —repetí.

—Cualquiera debería estar dispuesto a firmar eso —dijo con aún más seriedad.

—¿Lo firmarás?

—Lo pensaré.

Nunca lo firmó. Murió como había vivido: sin Dios, sin Cristo y sin esperanza. Salió a la oscuridad de una eternidad sin Cristo. Dijo la verdad sobre una cosa: no se llevó ni un centavo de su dinero. Lo enterraron en una tumba sin Cristo. Ahora está en una eternidad sin Cristo, pero ¿de quién fue la culpa? Se le mostró un camino para salir de la oscuridad y entrar en la luz; un camino que, según admitió, su propia conciencia le indicó que debía tomar, y no lo tomó.

El mismo camino se les ha mostrado a ustedes. Síganlo y los guiará como ha guiado a miles de otros. Los sacará de la incertidumbre, la inquietud y la desesperación suprema de la incredulidad y los llevará a la certeza, el gozo, la victoria y la gloria suprema de una fe inteligente en la Biblia como la Palabra de Dios y en Jesucristo como el Hijo de Dios.

Reuben A. Torrey: Una breve biografía

Reuben Archer Torrey fue autor, conferencista, pastor, evangelista y decano de una escuela bíblica, entre otros. Nació en Hoboken, Nueva Jersey (Estados Unidos), el 28 de enero de 1856. Se graduó de la Universidad de Yale en 1875 y de la Escuela de Teología de Yale en 1878, cuando se convirtió en pastor de una iglesia congregacional en Garrettsville, Ohio. Torrey se casó con Clara Smith en 1879, con quien tuvo cinco hijos.

En 1882, viajó a Alemania, donde estudió en las universidades de Leipzig y Erlangen. A su regreso a

Estados Unidos, R. A. Torrey fue pastor en Minneapolis, además de estar a cargo de la Sociedad Misionera Congregacional de la Ciudad. En 1889, D. L. Moody lo llamó para dirigir su Sociedad de Evangelización de Chicago, que posteriormente se convertiría en el Instituto Bíblico Moody. A partir de 1894, Torrey también fue pastor de la Iglesia de la Avenida Chicago, posteriormente llamada Iglesia Memorial Moody. Fue capellán de la Asociación Cristiana de Jóvenes (YMCA) durante la Guerra Hispano-Estadounidense y también durante la Primera Guerra Mundial.

Torrey viajó por todo el mundo liderando giras evangelísticas, predicando a los no salvos. Se cree que más de 100,000 personas fueron salvadas gracias a su predicación. En 1908, ayudó a fundar la Conferencia Bíblica de Montrose en Pensilvania, que continúa hasta la actualidad. Se convirtió en decano del Instituto Bíblico de Los Ángeles (ahora Universidad Biola) en 1912 y fue pastor de la Iglesia de la Puerta Abierta en Los Ángeles de 1915 a 1924.

Torrey continuó predicando por todo el mundo y celebrando conferencias bíblicas. Murió en Asheville, Carolina del Norte, el 26 de octubre de 1928.

R. A. Torrey fue un evangelista y ganador de almas muy activo, hablando con la gente dondequiera que iba, en público y en privado, acerca de sus almas, buscando guiar a los perdidos a Jesús. Fue autor de más de cuarenta libros, entre ellos *Cómo orar, Cómo estudiar la Biblia para un mayor beneficio, Cómo obtener la plenitud de poder* y *Por qué Dios usó a D. L. Moody*, disponibles en español, y *How to Bring Men* to Christ en inglés. Además, editó el libro de doce volúmenes sobre los fundamentos de la fe, titulado *The Fundamentals*. También fue conocido como un hombre de oración y sus enseñanzas, predicaciones, escritos y toda su vida demostraron que caminaba en estrecha relación con Dios.

www.ingramcontent.com/pod-product-compliance
Lightning Source LLC
LaVergne TN
LVHW012024060526
838201LV00061B/4445